U0561961

北望青山

年谱中的那一代学人

王京州／著

GUANGXI NORMAL UNIVERSITY PRESS

广西师范大学出版社

·桂林·

北望青山：年谱中的那一代学人
BEIWANG QINGSHAN: NIANPU ZHONG DE NAYIDAI XUEREN

图书在版编目（CIP）数据

北望青山：年谱中的那一代学人 / 王京州著. --
桂林：广西师范大学出版社，2020.6
　　ISBN 978-7-5598-2772-2

　　Ⅰ. ①北… Ⅱ. ①王… Ⅲ. ①文人－中国－
民国－年谱 Ⅳ. ①K825.4

　　中国版本图书馆 CIP 数据核字（2020）第 056002 号

广西师范大学出版社出版发行
（广西桂林市五里店路 9 号　邮政编码：541004）
（网址：http://www.bbtpress.com）
出版人：黄轩庄
全国新华书店经销
广西广大印务有限责任公司印刷
（桂林市临桂区秧塘工业园西城大道北侧广西师范大学出版社
集团有限公司创意产业园内　邮政编码：541199）
开本：880 mm × 1 240 mm　1/32
印张：8.75　　字数：190 千
2020 年 6 月第 1 版　　2020 年 6 月第 1 次印刷
定价：56.00 元

如发现印装质量问题，影响阅读，请与出版社发行部门联系调换。

序

收在本集中的二十八篇短文，每篇都是一帧"那一代学人"的剪影。他们的生命历程大都与20世纪相始终——生当世纪之初，又于下半叶纷纷退场，经历过新文化运动的洗礼，穿越过连年战事的硝烟，又往往遭受过"文革"的风雨。一路走来，步履可能轻快也可能跟跄，面容可能欢愉却大多数凝重，精神可能健旺更难免疲惫。但无论何时何地，他们的脊梁都是无比挺直的，他们的眼神总透着智慧和光芒。他们的平生风义，已掩藏在历史的深处，等待我们去发掘，去唤起。

我的读年谱之旅，是从王学奇先生自订年谱开始的。我清晰地记得，那是在2015年3月8日的深夜，转眼已过去整整五年了。后来因为编辑《河北近现代学者年谱辑要》的契机，又陆续拜读了十余部年谱。每读完一部，掩卷沉思，总有不同的感受，在胸中激荡。与传记相比，碎片化的年谱可能不够生动，却往往更能显示学者生命的年轮。我喜欢读年谱，随即决定将读年谱过程中的这些杂感写下来。借此向那一代学人致敬，也试图将这份理解，镌刻进自己的生命。

当时汇辑年谱聚焦在河北，不免是出于桑梓之情，同时夹杂了以"北强"与"南强"相抗衡的意味。我虽是河北人，却长期求学于南方；在石家庄工作多年，又举家迁来岭南。本书第一辑的大部分文字，写于从石门前往燕园访学期间；第二辑的大部分文字，则写于花城广州。随着生命经历的深刻变化，我对所谓"南北之分"的理解变得更通脱了。我所寻读的年谱范围相对集中，大都是河北学者，而我已南下穗城，从视角来说是"北望"，因借阮籍《咏怀》"北望青山"以为题。

本书中的部分文字曾发表于《国学茶座》《中国社会科学报》，特别感谢江曦、项江涛二位学兄的悉心审校。国家图书馆出版社的南江涛师弟不仅担任《河北近现代学者年谱辑要》的责编，书名的进一步凝练也是出自他的建议。在王峰博士的引荐下，郑州报业集团的孙平静女史据我提供的照片，手绘了三十余幅生动逼真的学者素描，为本书大大增色。广西师范大学出版社集团有限公司的赵运仕先生、肖爱景女史慨允出版此书，并为此投入了大量心力和物力。他们分处南北，与我一起"北望青山"，在那一代学者的精神感召下，我们心灵相通，精诚合作，共同完成了本书的出版，感谢的话似乎变得多余了。

登高北望，青山不老，年谱有时而阅尽，那一代学人的精神永不止息。

己亥岁末识于暨南园

目 录

第一辑

第二辑

第一辑

DIYI JI

王树枏

陶庐老人王树枏

——读王树枏自订《陶庐老人随年录》^①

最先知道王树枏的大名，是因为《畿辅通志》的缘故，后来看到《河北通志稿》也是此公主编，读秦进才关于《河北通志稿·艺文志》的校读文字^②，对王树枏的学术成就有了更进一步的了解。但直到我着手编《河北近现代学者年谱辑要》，准备将王树枏作为近现代河北的首席学者，为此进一步搜集相关资料，查到题为《陶庐老人随年录》的自订年谱时，才将王树枏和"陶庐"这一雅号联系了起来。

王树枏，号陶庐，他晚年自订的文集统统以此为名，除《陶庐诗集》《陶庐文集》外，还有《陶庐骈文》《陶庐笺牍》《陶庐随笔》等。"陶"是文人雅号的常见词，因为它不光与陶渊明有关，还与心情相随，与器物相连。比如清末大臣端方，他之所以号为陶斋，可能跟他富藏金石有关，他将自己对金石的鉴识文字结集，即题为《陶斋吉金录》。再如文学家张岱，他心仪陶渊明之为人，恰好他的母亲也姓陶，于是欣然命所居为陶庵，《陶庵梦忆》更是让这个室号不胫而走。

可王树枏为什么自号陶庐呢？他是跟张岱、端方或郑观应（号陶斋）有一样的寄托或情怀吗？我感到非常好奇，这也是我翻读《陶庐老人随年录》时盘在脑际的一个疑问。读到第四十五页，终于找到答

---

① 王树枏：《陶庐老人随年录》，与龙顾山人《南屋述闻》合订本，北京：中华书局，2007 年。
② 秦进才：《〈河北通志稿·艺文志〉校读举要》，《河北师院学报》1994 年第 1 期。

案。原来陶庐的命名，是因为树枏先生的一个"知己上司"。"知己上司"的用语我是第一次见到，王树枏大概是发明人。

> （1902年）六月，两广总督陶勤肃公模卒。模字子方，某科进士，由州县起家，历官至总督。……余之第一知己上司也。余以"陶庐"名斋，陶即指公言。①

陶模与王树枏的交集并非在其两广总督任上，而是此前任陕甘总督期间。按照王树枏的表述，陶模不仅礼聘和信任王树枏，使其一展才华，而且在道德品质上具有引领的作用。名如其人，对王树枏来说，陶模正是一位精神的"模范"。对陶模的清明廉正，王树枏在自订年谱中反复致意，"数十年未尝携眷至署，其廉正为天下第一"，"署中清肃异常，诚督抚中所仅见也"。

明乎此，方知王树枏之号为"陶庐老人"，无关乎陶渊明，无关乎心情，更与金石器物无涉，而是为向一位"知己上司"致敬心香。可王树枏的师长和上司很多呀，在莲池志局有黄彭年，在冀州书院有吴汝纶，在川中仕宦有刘秉章，在金陵入幕有张之洞，在清史馆有赵尔巽，即便同是陕甘总督，陶模卒后继任的崧蕃、升允也对王树枏多所荫庇，王树枏却独对陶模念念不忘，乃至以其姓字作为斋名，足见陶模的风范对王树枏的影响至深至巨。

---

① 《陶庐老人随年录》，第45页。

王树枏生当清末，正好与国难深重的时代相伴而行。在他的前半生，科举制仍然根深蒂固，无论是官宦还是耕读之家，科举都是人生的唯一出路，士子们不是挣不脱、逃不掉，而是不挣不逃、欣欣然地钻入彀中，王树枏也不例外。他十四岁时就央求父亲王铨，想要应考县试，许是嫌他年纪太轻，抑或望子成龙的期望太高，王铨坚决地拒绝了他的请求。

十六岁开始考取功名，十九岁科考取第一名，二十一岁朝考列三等第一名，二十三岁乡试荐而未售，二十六岁乡试中第十一名，三十岁会试不第，三十三岁会试不第，此期间一直在《畿辅通志》局孜孜于学问之事，然而"学而优则仕"的情怀未曾稍歇。直到三十六岁会试中式五十四名，殿试三甲四十八名，才获得了钦点户部某司并改知县的机会，并从此开始了他汲汲于事功的仕宦之旅。

王树枏的仕宦人生，如果不计短期的幕僚、晚年的顾问，壮年所历，主要是辗转四川、宁夏、甘肃、新疆等省份：释褐为四川青神县知县，历资阳、新津、富顺，转宁夏中卫县知县，后来迁兰州道台、新疆布政使。王树枏对自己在地方为官的政绩颇为自信，往往津津乐道，下笔不休。

他在四川青神兴修水利，不阅月即修复鸿化堰，引水富民；在资阳大堂问案，任人观听，两月之后，词讼便稀；在新津整顿法治，讯捕盗贼，五月之后，地方肃清；在宁夏中卫修浚通渠，增修水闸，七星渠成，裨益民生；在兰州道台任上，整理税厘，撤销局卡，剔除中饱，使久困的商民得有转机；在新疆布政使任上，裁撤浮征粮草，重订征收新章，发行纸币，设立邮局，不仅挽回了利权，而且缓和了地方矛盾。

他得意于在青神自建的止园，有感恩的百姓暗地里为他建亭榭、植花木，"余在任二年余，颇为民所亲爱，园亦任民往来如其家然。今始知孟子所言与民同乐之味"。他得意于时任直隶总督的李鸿章断言的"以君之才之学，非久居人下者也"；又忘情于时任四川总督的刘秉章的勉励"此行必有嘉会，扶摇直上，转瞬间事耳"。① 当年从政之始，吴汝纶劝改知县的原因是"一官一邑尚可为民造福，京官碌碌徒耗岁月"，对此王树枏一直念念不忘。

凡其在某年笔意恣肆跌宕的，必是备述斐然的政绩，而对于学问、性情和生活往往一带即过，不作多谈。三不朽中，立功自居立言之前，为民造福之事迥高出于一己学问之事，这自然无可厚非。但作为后学的我们不免遗憾，如果王树枏能在年谱中更属意于他的学问，岂不更好？

也不是没有例外。年谱中可以发现两处笔墨铺展的文字有关学问之事。一处是五十七岁"创修《新疆图志》，设局于藩署之西偏"，王树枏不无得意地说："志例皆余手定，分门纂辑。余无他嗜好，公余之暇，借此消遣而已。"此后庚戌岁花甲之年，更是备述"《新疆图志》开局以来，余自撰成《国界志》八卷、《山脉志》六卷、《兵事志》二卷、《仿古录》二卷、《新疆小正》二卷、《礼俗志》一卷、《道路志》

①《陶庐老人随年录》，第28、33、38页。

四卷、《土壤表》一卷"，此外《建制志》《实业志》虽假手他人，其编撰思想仍一脉相承。①

另外一处在戊辰年七十八岁，奉天杨麟阁督办兴办学校，专习中国古学，在萃草书院旧址召集生徒，聘王树枏为山长，并亲自讲授经学。王树枏缕述其为诸生所指示的治学门径，"古人言读书必先识字，字不外形声、训诂两端"，"不通汉学，则训诂不明，义理从何而出"，"读书无论欲成何名，必先博学"，"学者终身之事，愈学则愈知其不足"。至于治经之法，他为诸生所度的金针是识字、读经、专治一经、宜讲汉学、校勘、日记、功课等七端。②

寻绎这两处文字，可知其所载并非单纯是学问之事。与自著书不同，《新疆图志》创撰于王树枏在新疆布政使任上，他的不厌其详的描述实际上仍是对自己政绩的夸夸其谈；而讲学启人蒙惑，与著书的立言之事不同，仍是泽被时人之事功的典型表现。此外，凡关乎学问之事，王树枏都采用了简而又简、蜻蜓点水的方式。

我们很想知道，开眼看世界的王树枏，为什么会在四十六岁那年撰写《彼得兴俄记》和《欧洲族类源流略》？什么样的背景促发甫过知命之年的他撰写《欧洲战事本末》、《希腊学案》和《希腊春秋》？他在壬子年（1912）撰写的《武汉战记》对武昌起义又是怎样的观察视角？

我们很想知道，治经宗汉学的王树枏，他的治学对象有《大戴礼

①《陶庐老人随年录》，第 63、73 页。
②《陶庐老人随年录》，第 85—89 页。

记》《尔雅》《中庸》《尚书》《费氏易》《礼记·学记》《左氏春秋》等，年谱中逐年记载有他对这些儒家经典的笺释或补注文字，如《校正孔氏大戴礼补注》《中庸郑朱异同说》《尚书商谊》《费氏古易订文》《左氏春秋经传注》等，为什么他在为诸生讲治经之法时，却谆谆地告诫他们说要"专治一经"？

我们很想知道，开畿辅学先声的王树枏，他在早年加入《畿辅通志》局，与"局中若崔乃聲、蒋曰豫、袁昶、方恁、丁绍基，皆方闻博雅之士，朝夕过从，质疑问难，获益良多"①，这些滋养究竟在多大程度上影响了他后来在清史馆的治学业绩，以至于使他在六十六岁那年撰成《大清畿辅先哲传》《畿辅列女传》《大清畿辅书徵》，一举成为畿辅学之一代宗师？

我们很想知道，诗文两擅的王树枏，他记下八岁"始学为诗"，九岁"学为八韵诗"，十岁"学为赋"，十五岁"学为骈体文"，三十二岁"专攻古文，不复为骈俪文字"，是不是他"治经之法"之外又一关于诗文写作的法门？

我们很想知道，著述宏富的王树枏，从七岁起"食毕即解衣而寝"，一直到撰谱之年已八十五岁，仍保持童年时养成的习惯，"至今晚餐后即睡，犹童时也"，却写出了如许多的作品，堪称著作等身，他究竟是如何做到的？

这一切，在王树枏简而又简的笔法当中，被有意无意地忽略了，

---

① 《陶庐老人随年录》，第23页。

因此留下了无尽的想象空间；如果他能够多花费些笔墨，我们就能清晰看见，不劳猜想了。《陶庐老人随年录》详载事功、略写学术的形式，对历史来说自然颇有深味，而对学术史来说，不免让人感到遗憾。

2017年1月12日北京初写

13日石家庄补完

高步瀛

"后进何人知大老"

——读赵成杰《高步瀛学术年谱简编》①

高步瀛，字阆仙，河北霸县人。"阆仙"这个称谓生而不新，让人一下子就想到了唐代诗人贾岛。一千多年前的贾岛也字阆仙，想必是高步瀛仰慕贾长江的为人与为诗，以至于学司马相如因慕蔺相如而改名之风雅，不过他比司马相如温和得多，只取了字，没有改名。贾岛是幽州范阳人，也就是今天的河北涿州，高步瀛自命阆仙，与乡先贤同字相称，或许还有维持文脉于不坠、振兴彼邦文化的含意吧。

一

霸县又称霸州，与雄县相邻，雄县又名雄州，从名字上看就知都是军事重镇；两地又毗邻白洋淀，沃野千里，所以还是远近闻名的鱼米之乡。年谱记载高步瀛家世富饶，"百余年来为一邑冠"，然而经历捻军之乱，"楼台池榭，鞠为茂草，其父辞世，家遂中落"。迫于家境艰难，"其母携四女一子迁河北新安"②，这一子自是高步瀛。重振家声的重任便落在了他的肩上。

高步瀛自幼勤勉向学，聪颖过人，"府院七试，皆第一"，中甲午

---

① 赵成杰：《高步瀛学术年谱简编》，收入王京州编《河北近现代学者年谱辑要》，北京：国家图书馆出版社，2017年，第19—36页。
② 《河北近现代学者年谱辑要》，第20页。

顺天乡试举人。后来任莲池书院讲席，与吴汝纶游。从日本游学归来，开始在直隶学务处任事，逐渐在政界显露峥嵘。历任学部图书局主编、教育部佥事、社会教育司司长等职。然而宦海沉浮，终非性之所喜，于是在知命之年应北平高等师范学校之邀，重莅教席。六年后因愤于奉系军阀主政，辞去部务，专任教职。既教书育人，又得享林泉，何乐而不为呢？

二

高步瀛与鲁迅不仅在教育部是同事，一段时间里还是上下级关系，而且两人私交甚笃，从《鲁迅日记》里经常可以发现高阆仙的名字，拜访、招饮、寄信、赠书……在二人的交往中，发起者往往是高步瀛。当鲁迅被教育总长章士钊免去佥事职务时，高步瀛在第一时间前往慰问，并参与了对当局的抗议活动。

在二人交往事迹中，值得注意的是赠书。据年谱记载，高步瀛先后赠给鲁迅的书有《吕氏春秋点勘》《淮南子平点》《论衡举正》《淮南子集证》《抱朴子校补》等。年谱的编者为此还考证说："高步瀛送给鲁迅的五本书有三个共同特点：一都为先秦汉魏子书；二都是同时代人的校正注解之作，出版时间距送书时间很近，属新近出版；三多是与高步瀛关系密切之人所作，体现出的学术思想也与高氏相近。"①

①《河北近现代学者年谱辑要》，第27页。

有意思的是，原应礼尚往来，而在年谱的征引中，鲁迅并没有回赠高步瀛，只在1924年5月31日有"《雅雨堂丛书》卖与高阆仙"的记载。《雅雨堂丛书》纵使部头再大，鲁迅也不至于送不出手，之所以卖而非赠，我猜多半是出于高步瀛的好意和固执坚持。大概他觉得鲁迅与他相比，终究是有些寒微吧。

当高步瀛母亲张太夫人八十大寿时，鲁迅送"公份"三元。公份就是我们今天说的份子钱。别小看了这三元份子钱。年谱编者遍考《鲁迅日记》，发现鲁迅除高母生日外，还参加过六次生日宴请，送的公份不是一元就是二元，三元的公份钱已经是"高不可攀"了。[1] 除了体现出两人交情非同一般，大概也有感戴高步瀛屡屡赠书，甚或在自己回赠时又慷慨解囊的豪气和恩情在内。

三

在四川大学读书时，我就从罗国威老师那里反复听到高步瀛的名字，听得耳朵都生了茧。在罗老师的选学视野里，高步瀛的《文选李注义疏》与骆鸿凯的《文选学》、黄侃的《文选平点》同为近代选学经典。罗老师还经常津津有味地讲起杨明照先生曾经赓续只完成八卷的《文选李注义疏》，但杨先生到底有没有完成高步瀛先生开创的这一伟业呢？我到现在也没搞清楚。

---

[1]《河北近现代学者年谱辑要》，第26页。

高步瀛的名声对于初窥选学的我们来说，自是如雷贯耳的。但我们对高步瀛的名字，最初却有一个戏谑的印象。因为用四川话念"高步瀛"，与"搞不赢"同一音调，"搞不赢"在四川话里极为常见，有来不及和搞不定的意思，多少有点贬义的色彩。可偏巧《文选李注义疏》生前没有来得及完成，没有"搞赢"，而那绵密细致的考证功夫，谁又能"搞得赢"（比得过）他呢？

　　我读研究生时，隔壁同学邓伟不知何故送过我一本书，我记得是傅刚先生的《昭明文选研究》，还记得他戏剧性地题上了"赠'选学妖孽、桐城谬种'"一句作为赠词。我当时只知道这是五四运动急先锋钱玄同提出的口号，后来才隐约知道这个靶子是以高步瀛为原型的：高步瀛既谙习古文派理论，撰有《古文辞类纂笺》《古文辞类要笺正》等，又别开选学研究，撰有《选学举要》《文选李注义疏》等，可谓既是"选学妖孽"，又是"桐城谬种"。如果撇开时代赋予的特殊色彩和指向，学而能成妖，研而能得种，又何尝不是对高步瀛们的褒扬呢？将攻击高步瀛先生的题词写于书的扉页，我不仅不为此"蒙羞"，反而与有荣焉。

四

　　2009年春，我随同河北师大的顶岗实习学生一起前往霸州，担任驻县教师，在那里生活了整整半年。但那时的我，还不知道我正踏在高步瀛故乡的土地上。尽管在霸州已找不到有关高步瀛的任何遗迹了，但生于斯长于斯，故乡仍是学者的热土，如果我早知道高步瀛是霸州人的话，可能不至于在那半年里如此的孤寂无友。接任我担任驻县教师的江合友兄比我博学多识，他在顶岗期间率领学生创办刊物，第一期便赫然冠上了高步瀛的生平简介和图像。

当我拟编《河北近现代学者年谱辑要》时，再不能错过这位"学行醇谨"的"粹然河北大儒"了。先是在网上搜索相关资料，很快便发现已有一位名为赵成杰的学者，发表了《高步瀛著述考略》《高步瀛交游新证》等相关论文，另外还有未刊稿《高步瀛年谱简编》《高步瀛交游考》等。

我决心联系上赵成杰，以获得他的授权。从作者简介可知，赵成杰是东北师范大学2010级的硕士研究生，距我动议编谱的2014年，应该已经毕业一年多了。毕业后的他又在何处高就呢？那时的我与东北师范大学素无旧交，无法进一步打探消息，只能望洋兴叹了。

不过，我没有轻易放弃。几经周折，我通过杨化坤联系上了作者，原来他就是我在南京大学的师弟，这让我深切体会到了"踏破铁鞋无觅处，得来全不费工夫"这句话的戏剧性含义。成杰那时正经历毕业答辩、求职的紧张和烦恼，但他毫不犹豫地答应了我的约请，而且还负责任地提出修改计划，希望我能多给他一点时间。如今，他虽然因学籍的原因，仍未安定下来，但《高步瀛学术年谱》已经及时寄来了，令我十分感佩。

高步瀛殁后，沈兼士为其题写的挽联是："冀北马群空，后进何人知大老；天上欃枪落，家祭无忘告乃翁。"① "后进何人知大老"，像是一句对后人的劈空质问，我自惭无知，但我知道，年谱的作者赵成杰是堪称"知大老"的，不知成杰兄同意否？

2016 年 12 月 2 日上午于北京

---

① 《河北近现代学者年谱辑要》，第 35 页。

顾随

顾随文学生命的三次决断

——读闵军《顾随年谱新编》①

一

受五四新文学运动的洗礼，当时在文学青年中，白话文开始兴起，顾随也深受时代风气之影响。他创作新诗，探索散文新文体，与卢伯屏、卢季韶兄弟之间的五百多通书翰，无一不是活泼泼的白话，甚至还在读小说这一嗜好的引诱下，"发展到渴望自己成为一个小说家"。但顾随终究没有成为一个典型的新文学作家，他得以名世的文体不是新诗、散文、书札，也不是白话小说，而是词和曲。

词、曲是近古文学中极富生命力的文体，元明以降，词衰而曲起，至清代词又中兴，再降至近世，这两种文体的生命力仍然健旺，并未消歇。顾随深受新文学运动的浸润和影响，并投身其中，成为时代乐曲中的一个欢悦音符。后来却又渐行渐远，回归到古典文学的传统中，从中钓弋出词和曲，使用这两种纯而又纯的古典文体，寄托他在新文学运动中培炼的新精神。

对此，顾随有明确的体认："我的主张是——用新精神作旧体诗。改说一句话，便是——用白话表示新精神，却又把旧诗的体裁当利

---

① 闵军：《顾随年谱》，原连载于《泰山学院学报》，2005 年第 1 期、2 期；订补后题为《顾随年谱新编》，收入《河北近现代学者年谱辑要》，第 37—84 页。

器。"[1] 这篇 1921 年致卢季韶的信，可视为顾随文学观的宣言。由此可以说，顾随满怀新文学的精神，却使用旧文学的体裁，在当时的文坛上独树一帜，走出了一条空阔无垠而又气象万千的新路。

更有意思的是，三年之后顾随与冯至偕游青岛，那是在多年后仍能让当事人津津乐道、醉心不已的一次山水畅游之旅。然而形胜带给二人的欢乐，远不如精神上的愉悦更为深巨。据说在一次彻夜长谈中，顾随提出了一个君子约定，"为了逊让，二位把旧体和新体分划领域，各守一体，冯先生不再写旧体，顾先生不再写新体"[2]。

我虽然并不认为顾随和冯至之间会有如此壁垒分明的约定，并猜测这多半出自好事的研究者，据两位当事人一专注于新诗、一醉心于词曲而做出的合理想象，事实上冯至后来何尝没写过律诗和绝句，顾随何尝没写过白话诗，只是数量不多而已。但我又喜欢这一并不可靠的传言——顾随只是在《苦水诗存》有"自民国十三年以后专意于词"之语，因为这很能代表顾随的风格，透示他在文体选择上的艰难决断。

顾随认为冯至在新诗上的才华超越自己，他曾在致卢伯屏、卢季韶兄弟的信中，对冯至的诗歌赞不绝口——"君培的诗已经看过四首，很带些神秘的色彩"，"君培天才高出，能超越烦恼，自寻乐趣"，以

---

[1] 顾随：《致卢季韶》，《顾随全集》卷八，石家庄：河北教育出版社，2014 年，第 383 页。
[2] 欧阳中石：《只能仰望夫子，不敢忝作学生》，赵林涛、顾之京编《驼庵学记：顾随的生平与学术》，北京：生活·读书·新知三联书店，2016 年，第 225 页。

至于渴望读到冯至的每一首作品："君培的近作，千万都寄来给我看。我渴极了，要饮些酒浆了"，"君培如有近作，请寄来一看。此亦跛不忘走、盲不忘视之意也"。① 新文学的业绩，让冯至去完成好了！

但又不止于此。顾随放弃新文体的努力，开始专注在古典文体上发力，其中的真正原因恐怕还是源于他对旧文学的不能割舍，以及在古典诗词上从幼年始即不断增进的修为。既不能忘情旧好，又贪图新近所得，舍则偏美，合则两伤。顾随之选择旧体词曲而放弃在新诗上的努力，当出自这一自觉的权衡和较量。

冯至与顾随结识于1921年，八年之后，冯至出版了两部新诗集——《昨日之歌》《北游及其他》，从而被鲁迅誉为"中国最为杰出的抒情诗人"；顾随则出版了两部词集——《无病词》《味辛词》，并因此而为人举荐，登上了中国当时最高学府燕京大学的讲坛。一个成为新诗的巨子，一个自是词曲的健将，只是殊途同归，顾随的词曲与冯至的新诗是胎息相通的，无不是时代新精神浸润之下的产物，这一点被很多研究者忽略了。

二

顾随《无病词》付印后，获得沈尹默的激赏。通过沈尹默，又结识了燕京大学的郑骞。正是在郑骞的引荐下，顾随从天津女子师范的

---

① 《顾随全集》，卷八第 20、393 页，卷九第 23 页。

教员一跃而成为燕京大学的讲师。1929年10月，顾随正式到燕京大学国文系履新，先后担任词选、曲选、楚辞、汉魏六朝赋、近代散文等课程的主讲教师，从此开启了长达十余年的燕园生活。

课余的顾随仍汲汲于填词，很快便编成第三部词集《荒原词》出版。此后又喜欢上了古典诗歌的创作，"忽肆力为诗，摈词不作"（《留春词》自叙）。兴之所至，偶尔还创作散文和散曲。刚刚立下"诗词散文暂行搁置，专攻南北曲，由小令而散套而杂剧而传奇"的元曲研究计划不久，又因为"痛遭先严大故，促成我与禅宗最大之因缘"[1]，开始钻研佛学。担任燕大教职的顾随，正当学术生命的壮年，在文学创作和学术研究上各具气象，较之任教天津女师时，愈发的汪洋恣肆。

燕园与清华园仅一墙之隔，两座学府之间的学术交游几乎没有隔阂，仿若浑然一体，而又自成天地，俞平伯、沈尹默、吴宓、周作人、朱自清、郑骞、浦江清、叶公超等人先后成为顾随的座上宾，顾随也时时拜访他们。种种迹象表明，顾随在燕园的前八年如鱼得水，可谓是生命中最快意的时期之一。

然而日军的炮声敲碎了国人的迷梦，沦陷后的北平笼罩在一片恐怖之中，当时很多大学举校内迁，而作为教会学校的燕京大学没有必迁的理由，仍然留守在沦陷区，岿然成为北平学界的"孤岛"。虽然在校长司徒雷登等人的斡旋下，日军尚不敢公然侵犯，然而阴云密布，危机四伏，很多燕大师生动不自安，纷纷选择离平南下。

---

[1] 《河北近现代学者年谱辑要》，第60—61页。

1938年初，陆侃如应云南大学之聘，辞去燕大国文系主任一职，夫人冯沅君挈孺随行。"七七事变"后人心涣散，来自清华、北大的兼任讲师早已避乱而去，本就七零八落的师资阵容，因为系主任陆侃如的出走，更是溃不成军。然而还是有很多教授、学者固执地留了下来，其中就包括顾随。

从1939年开始，顾随开始以辅仁大学为主，燕京大学的教职反而成了兼任。1941年底，太平洋战争爆发，燕京大学被日军封闭，顾随从此专任辅仁大学教授。辅仁大学与他另兼教职的中法大学，都是教会学校，在北平的阴霾下艰难求存。如果说陆侃如、冯沅君伉俪的逃离，因为私交不多，并未太多影响顾随的话，那他的学生杨敏如的辞行近在眼前，可能对顾随的震动更大。据杨敏如先生回忆，顾随当时对她说："你是该去的，只要有条件就该离开这里。"[1] 这句送别的话有无双关的含义呢？我想是有的。学生杨敏如该去，教师顾随为什么不该去呢？

当时已经在燕京大学乃至整个北平教育界声名鹊起的顾随，相信一定会有其他大学乐意延聘，学生杨敏如"有条件离开这里"，教师顾随自然也有离开的条件。可殊不知那时的顾随育有六个女儿，他和夫人徐荫庭女士均染疾在身，这一定拖累了他南行的脚步，可问题是顾随真的有想过离开沦陷区的北平，并且准备付诸行动吗？

我认为顾随坚守在北平，是他主动做出的人生决断。艰难困苦对

---

① 杨敏如：《永远的怀念》，张恩艿编《顾随先生百年诞辰纪念文集》，保定：河北大学出版社，1999年，第10页。

于个人而言，正是铸就卓越的最强筋腱。顾随在评价杜甫时曾说，与其在山林中悠游自在，不如在城市中愤世嫉俗。杜甫困守长安，备受屈辱和冷眼，然而正因为这段非同寻常的经历，成就了杜甫多难而光辉的人生。"余近日以为悲哀同快乐，不但有一样之价值，而且对于人生，有一样之影响。"对于文学人生来说，尤其是这样。

然而顾随的坚守又不是仅仅为了成就自己，而是与故都人民共命运的自觉选择。叶嘉莹在《〈苦水作剧〉在中国戏曲史上空前绝后的成就》一文中说："顾先生不赞成那种只顾自己清修的'自了汉'，他曾说，当这个世界上大部分的人都像虫子一样在污秽的地面上蠢蠢爬行的时候，有一些人能够飞起来离开污秽的地面当然更好，但那并不是最高的境界。最高境界的人，他虽然能够飞起来却不肯独善其身，他不惜落下来回到污秽的地面，教给大家怎样才能飞起来，一起离开这污秽的地面。"①北平的地面当然并不污秽，只是因为侵略者的践踏，而愈发坎坷和泥泞而已。顾随无法超度人民离开这地面，甚至连自己也无法振翅高飞，但他敛翼坚守，仍是主动的行为，而非被动的选择，无可奈何却又无如之何，以一份坚毅而坦然的人生态度昭示世人，"在污秽中，开一朵赤红的花"（《致卢季韶》1924年10月18日）。②

---

① 叶嘉莹：《〈苦水作剧〉在中国戏曲史上空前绝后的成就》，叶嘉莹、张清华主编《顾随研究》，天津：南开大学出版社，2011年，第55页。
② 《河北近现代学者年谱辑要》，第49页。

三

顾随坚守沦陷后的北平，最大的欣慰在于学生的成材，日后的传法弟子——周汝昌和叶嘉莹，都是在这一时期遇合的。在近年出版的顾随书信集中，除与卢伯屏、卢季韶兄弟外，与这两位弟子的书信独多。他曾在致叶嘉莹的信中提到，不希望她仅成为传法弟子，而是在此法外，别有开发，能自建树，"成为南岳下之马祖，而不愿足下成为孔门之曾参也"[①]，足见顾随对叶嘉莹期望之殷。

然而随着叶嘉莹离平赴台，多年未有音讯，顾随遂将对弟子的期望更多地转到了周汝昌的身上。据周汝昌说，他在读到顾随诗集中有《和叶生韵》《再和叶生韵》七律多首时，一再追问顾随："叶生者，定非俗士，今何在耶？"顾随默而不答。1952年，顾随大病初愈，手书赠周汝昌："昔年有句赠叶生，'分明已见鹏起北，衰朽敢云吾道南'，今以移赠玉言（周汝昌字），非敢取巧，实因对题耳。"

《顾随年谱新编》在1945年特别辟出一节，叙述"顾随学识渊博，有独特的讲课艺术，在几所大学备受学生欢迎和爱戴"，并引用周汝昌、叶嘉莹、阎振宜的回忆为证。[②]可补充的尚有：

顾先生讲课有时候就像王国维说的一样，就进了"无我之境"，

---

① 《顾随全集》卷九，第251页。
② 《河北近现代学者年谱辑要》，第74页。

怎么是"无我之境"的？就是顾先生讲着讲着，就迷醉在作品里了，学生一听，也都迷醉在作品里头。①

　　顾先生讲课，时而清谈娓娓，洞幽发微，时而议论滔滔，妙语连珠，听者如沐时雨，如坐春风，非只在学业上得到滋润生发，而且会感到一种独特的艺术享受，留下终身难忘的深刻印象。②

此外，李树松、刘琦等都有对顾随教学的深情回忆，此不赘举。总而言之，顾随在教学上取得了空前的成功，深得学生的喜爱，而这份教学上光辉的业绩主要是在抗战时期实现的。

　　日本投降之后，身陷囹圄的顾随终于迎来了曙光，然而解放战争接踵而至，很快他便又跌入了沉沉的暗夜。在北平解放的前夜，顾随终于病重在床。《顾随年谱新编》载："（1949年）9月初，病重，住中和医院治疗。12月初，再次病重，住中和医院抢救。年底，教育部特准先生退休养病。"此后的两年间，年谱仅寥寥数字，"在家休养"③。直到1952年春，顾随的病才渐渐痊愈。这次沉疴重疾，累积了十年有余，一发而难收拾，幸而吉人天相，顾随还是从病痛中获得了重生。

　　实际上大病初愈的顾随还没有到法定退休年龄，然而这时的燕京

---

① 杨敏如：《回忆恩师顾随》，叶嘉莹、张清华主编《顾随研究》，第23页。
② 王双启：《时雨春风——先师顾羡季先生的课堂教学艺术》，叶嘉莹、张清华主编《顾随研究》，第34页。
③ 《河北近现代学者年谱辑要》，第80页。

大学已并入北京大学，辅仁大学并入了北京师范大学。"沉舟侧畔千帆过"，他忽然发现自己没了去处。养病时的他可以安享国家的补贴，病愈之后便必须出来做事了。那时的他，又面临着人生中一次重要的抉择。

1953年2月18日，顾随接到北京图书馆的邀请函，邀请他参加"爱国诗人杜甫讲演会"，与冯至联袂登台，冯至主讲，顾随朗诵。这是顾随大病三年后第一次在公开的社会活动场所露面。大概就是在这次讲演会的前后，冯至邀请顾随到中国社会科学院工作，以研究古典文学为职志。此时的冯至在社科院外文所任职，以他对老友的深切了解以及在社科院的熟稔关系，应该已经和文学所的主事者做了沟通。

与此同时，天津师范学院中文系主任王振华也向顾随抛出了橄榄枝。王振华师从李何林，研究鲁迅，但在中学时代曾深受顾随影响。她派年轻教师杨敏如代表天津师院去北京面请，而杨敏如又恰好是顾随在燕京大学时的学生。

摆在顾随面前的是两条不同的路：一是到全国最高的学术研究机构，做专门的研究工作，职高位重，出言为鼎，很快就可以在学术界确立更高的权威地位，而且可以据守北京；一是到一所地方师范院校，以培养人才为主，仍然可以站在三尺讲台，做一个传道授业解惑的人民教师。天津与北京近在咫尺，顾随并不陌生，他曾有一段时间在那儿工作、生活。

杨敏如在知晓此时的顾随有选择到社科院工作的机会时，心里打起了退堂鼓，她按照常理推测，顾随大概不会放弃优厚的社科院工作，而迁徙到天津任师院教师。然而事实出乎她的意料，顾随与她的一番长谈让她重燃希望，多年后她清晰地回忆说：

> 顾先生他说不，你等着，我告诉你，我不能没有学生，我不去做研究工作，天天看不见学生，我得看年轻人，不能没有学生。……他说你容我几天，我要开家庭会议，因为我没有家里人帮助我，我一个人不能生活，所以你等着我。[1]

在与家人商量妥当之后，顾随干脆地拒绝了冯至，拒绝了社科院的邀请，移砚津门，开启了他一生最后阶段的讲坛生涯。

关于顾随在教学上的热情和投入，叶嘉莹有一句掷地有声的评价："我以为先生平生最大之成就，实在还并不在其各方面之著述，而更在其对古典诗歌之教学讲授。"[2]是啊，重拾教鞭，重登讲坛，在莘莘学子中焕发自己的青春，培育一个又一个读书种子，确实是比读书作文更重要的工作。这一人生决断，在他人来说固然很难，但对顾随来说却很轻易——这轻易中含有十分的重量。

四

冯至在《一个对于时代的批评》中曾阐述克尔凯郭尔的哲学观，

---

① 杨敏如：《回忆恩师顾随》，叶嘉莹、张清华主编《顾随研究》，第 28 页。
② 叶嘉莹：《谈羡季先生对古典诗歌之教学与创作》，赵林涛、顾之京编《驼庵学记：顾随的生平与学术》，第 59 页。

认为他一生的著作都可以用《非此即彼》来概括："基尔克戛尔特认为，人不能敷敷衍衍地生活。人要'决断'，在'决断'中才能体验到真实的生的意义。"[①]

顾随的一生正面临着这样的歧路，新文学的坚持与转型，沦陷区的留守与出逃，三尺讲台的远离与坚守，但他做出了自己的决断，在停留中有坚持，在困苦中有克服，充分体验到了作为一个人的艰难的意义——决断越艰难，其中含有的意义也越重大。

2017年1月10日于北京

[①] 基尔克戛尔特，即克尔凯郭尔 。冯至:《一个对于时代的批评》，曹颖龙、郭娜编《民国思想文丛：战国策派》，长春：长春出版社，2013年，第361页。

孙楷第

沉酣书史的著作大家

——读于飞《孙楷第先生年谱简编》及其他[①]

1922年，孙楷第考入北平师范大学国文系。那一年，他已经二十四岁，本应该是毕业生的年纪，他才踏入高等学府的大门，而且一读就是六年，一直读到而立之年才毕业。我曾经对国外动辄读六年以上的博士学制倍感惊奇，对读六年本科更是闻所未闻。当下的本科学制为四年，然而由于公共课、求职等原因，真正用于读专业书的时间又被大大缩短了。当年北平师范大学的本科学制居然长达六年，凭空增添了多少悠游涵养的读书时间啊！

六阅寒暑，从功利的角度来衡量，可能会觉得太漫长了，但对天生一颗读书种子的孙楷第来说，可能尚觉太短。学子求知若渴，师长循循善诱，那时的孙楷第与杨树达、钱玄同、黎锦熙等名师过从甚密。然而师长的提携固然重要，更重要的还得靠自我的用功和悟性——任何一个时代的学有所成者无不经历这一历程。孙楷第在国文系师生中开始声名鹊起，不仅与王重民、傅振伦并称为"河北三雄"，而且又被单独誉为"沧州才子"，大概都缘于他求学期间的饱读诗书和言出为论。

对真正的读书人来说，读书是无时无地的，青春正茂、高等学府可以读书，年华渐老、走向社会也可以读书。20世纪20年代末，在废

---

① 于飞：《孙楷第先生年谱简编》，收入《河北近现代学者年谱辑要》，第85—105页。后记称以杨镰为《孙楷第集》所作的附录《作者年表》为基础编写而成。

弃的中南海运米门内西四所，北半被辟作北平图书馆，南边则属于中国大辞典编纂处。从师大毕业的孙楷第既被聘为北平图书馆研究员，又兼任大辞典编纂处编辑，尚未成家立室的他，干脆一个人搬到了西四所，将编纂处当成了自己的家。从大门到住所，一路荒草丛生，到了晚上更成了刺猬的天下。除了一个老听差，五六十间大房，孙楷第一人独住。可就是这荒凉寂寥的住所，硬生生被他开辟成了读书的乐园。时隔五十年后，孙楷第还深情地回忆说：

> 不管它刺猬如何动作，卧室还是我的天下。我这个人，除去吸烟、喝茶，别无嗜好，只喜读书。晚上，大约六点多钟，我就躺在床上看起书来，直到深夜十二点方罢。一杯杯浓茶，一支支吕宋烟，是读书时的唯一消遣，而喝茶、吸烟又使我长精神读书。说句笑话，躺着看书虽然不是好习惯，可我的学问几乎都是躺着来的。①

躺在床上读书的孙楷第，欣喜于晚上在书海中的自由徜徉，因为不受专业和工作的限制，读书效率明显高于白天上班时。他纵意渔猎，想读什么就读什么，正史、佛经、藏书目录、清人文集、《小说大观》、《元曲选》，虽然读书速度很快，却并非浅尝辄止，而是深度阅读，有些书上还作了朱笔校勘。尽管涉猎广泛，他却能取精用宏于自己聚焦

---

① 转引自黄克《建立科学的中国小说史学——孙楷第先生晚年"自述"及其他》，《文学遗产》，2008年第4期。

的小说源流考证，《三言二拍源流考》《小说旁证》即撰于此时。

成规模、有系统地读书，尚需要某种特定的机缘，而这样的机缘，居然接踵而至地垂青于孙楷第。在黎锦熙的介绍下，他得以利用一年时间尽阅孔德学校的小说专藏，以及孔德学校马隅卿主任的藏书。"读然后知不足"，孙楷第因为读了长泽规矩也记述日本小说版刻的著作，发现日藏中国古典小说数量很大，而且大多还是孤本，于是升腾起亲赴东瀛读书的欲望。承蒙长泽氏的慨然相助，孙楷第得以在1931年秋东渡日本访书，仅用两个月的时间，便寻访了日本东京公私所藏大量的中国古典小说，如宫内省图书寮、内阁文库、帝国图书馆、藏经阁、静嘉堂、成篑堂等，无不毕览。在返国的途中，他又取道大连，利用短短五天时间，在大连满铁图书馆阅读和著录了日人大谷氏捐赠的小说多种。

小说之外，孙楷第与戏曲古本也悄然结缘。1939年，他接受郑振铎的邀请，专程奔赴上海，饱览也是园旧藏古今杂剧。这批由郑振铎于抗战初期发现的杂剧剧本，先经明代的脉望馆主人赵琦美，又归清代的也是园主人钱曾，可以说是迭经名家递藏，共计二百三十余种，其中半数以上为罕世孤本。这些孤本的发现，被称作近代戏曲研究史上的划时代事件，郑振铎甚至把它和敦煌千佛洞藏书的发现相提并论。对于酷爱读书尤其是喜欢戏曲小说的孙楷第来说，此次沪上之行收获满满，是意料之中的。返回北平后，他便开始撰写《也是园古今杂剧考》，就像从日本返国后，即开始撰写《日本东京所见小说书目提要》和《大连图书馆所见小说书目提要》一样。读书与著书，就像是一枚硬币的正反两面，孙楷第总是将它们一把攥入手中。

抗战前，孙楷第不仅任职于北平图书馆、担任中国大辞典编纂处编辑，同时还兼任北京师范大学、私立辅仁大学、北京大学等高校的讲师。因为薪金渐多，孙楷第的购买能力大为提升，但他仍旧节衣缩食，对心仪的图书却一掷千金。经过二十多年的积累，到新中国成立初，孙楷第的藏书已经非常可观了。曾拜访孙楷第镜春园旧居的刘乃和回忆说：

> 孙先生原藏书很多，镜春园迎面大厅是四壁图书，西里屋他读书写作的地方也是围着不少书架。大厅东面墙立着极精美的组合书箱，书箱有横有直，大小不一，错落有致，若干书箱拼组成一整齐书柜模样，很像同文书局廿四史书箱的布局，但比廿四史书箱高大很多，非常美观合用。我非常欣赏美慕这组书箱，所以至今记得非常清楚。当时这组书箱放的都是他珍藏的古本小说。[1]

即使看起来如此精美，孙楷第的藏书仍是以研究为指归，重实用价值而非版本价值。他的藏书是大有资于研究的，这一时期他发表的一篇篇考证作品，不正是主要利用自己的藏书搞出来的吗？在孙楷第先生晚年，与他有密切接触的黄克先生总结说："先生1928年毕业于北师大，至其逝世的1986年，几近六十年间取得如此丰硕的研究成果，着实令

---

[1] 刘乃和：《我所认识的孙楷第先生》，《文学遗产》，1991年第3期。

人敬佩。如果考虑到解放后长期身体不适，只能从事旧文的整理工作，其钻研进取则只集中于毕业后的二十年间，其成就尤显惊人。"① 毕业后的二十年间，正是孙楷第锐意于访书、购书的黄金时期，他的读书、购书，与他从事著述，在时间上是完全叠合的。

1986年初，孙楷第应在社科院的杨镰之请，列举自己单篇论文的代表作，包括小说研究类《〈水浒传〉旧本考》《三言二拍源流考》《李笠翁与〈十二楼〉》《关于〈儿女英雄传〉》，戏曲研究类《近代戏曲原出傀儡戏影戏考》《吴昌龄与杂剧〈西游记〉》，变文研究类《唐代俗讲轨范与其本之体裁》，以及历史人物事迹类《刘裕与士大夫》《唐章怀太子贤所生母稽疑》《唐宗室与李白》。② 这些论文都收入《沧州集》或《沧州后集》，二集虽然撰定并出版于1949年以后，但大多是成文于1949年之前。至于著述中的代表作，又非《中国通俗小说书目》《小说旁证》《元曲家考略》莫属。

孙楷第在早年为他的业师陈垣撰写的《评〈明季黔滇佛教考〉》一文中说："夫学者沉酣书史，固不必责以干济之事。其所以贡献于国家社会者，唯此著作耳。"③ 这句话表面上是对陈垣的评价，实际上也正是孙楷第自况之词。他沉酣于书史之中，并由此孕育出一部又一部的著作，以学术投献于国家社会，不正合一个学者的本分吗？可正是作为

---

① 黄克：《建立科学的中国小说史学——孙楷第先生晚年"自述"及其他》，《文学遗产》，2008年第4期。
② 杨镰：《孙楷第传略》，《文献》，1988年第2期。
③ 孙楷第：《评〈明季黔滇佛教考〉》，《图书季刊》，1940年新第2卷第4期。

学者所忽略的"干济之事"，在特定的历史时期，却成了孙楷第挥之不去的心理阴影。

"文化大革命"风暴来临时，孙楷第幸免于抄家，但很快便被下放到河南信阳五七干校参加劳动。在离京前，他不知该如何处置自己的藏书，那些书太占地方了，而且无论如何不可能随主人一同去干校。托人代管？谁会冒险收留这些"毒草"呢。情急之下孙楷第决定将这些书转让给中国书店。据张中行说，"所有的存书，连带书柜，以四百六十元的代价，让中国书店运走了"①。客观地说，在当时的情形下，这不失为一种妥善的处置方式。

然而，孙楷第太决绝了，他倾其所有，没有任何保留，似乎没有打算再活着回来，就像就此永别北京，也永别他心爱的学术事业一样。在他出售的这些藏书中，还裹挟了大量的批校本以及笔记、手稿，这些手稿见证了一个人学术成长的历程，也是他在学术上进一步腾挪前进的重要基石。然而出乎意料的是，仅仅在干校过了两个春节，孙楷第便获得了返京的机会，十一人的回京名单中便有孙楷第。从回到北京直到逝世，孙楷第开始将余生最重要的精力用于讨回自己的藏书。据说在万般无奈之下，他还曾直接写信给周恩来总理。

然而除了极少的一部分，他的大部分藏书却再也追不回来了。晚年的孙楷第似乎一直不能放下，无法接受自家藏书和手稿散失殆尽的既定事实。可能他觉得自己的决定是在特定时期做出的吧，因此可以

---

① 张中行：《孙楷第先生》，《读书》，1989 年第 4 期。

在特定时期退出历史舞台的时候再收回，可书商的唯利是图，又怎是书生意气所能悬揣的呢？在一生最钟意的书籍上，孙楷第先生还是显得得失心太重了，可这也正是他一生醉心于访书、购书、著书的正常表现呀。

从事著述之业，往往无暇于谋干济之事，往书本里钻得多了，世故自然就少了。历史不会苛责孙楷第忘情于学术，同理我们也应该更宽容地看待他的"书呆子气太重，世故太少"[①]。已经公演的历史不会再给后人假设的机会，但我们仍然可以对孙楷第先生的遭遇掬一把同情之泪。

孙楷第在临终时，当着时任社科院文学所所长刘再复的面，在说话已很困难的情况下，在手心写了一个"书"字。[②]读书、著书一生，却因书而始终无法释怀。一个"书"字，堪称是晚年孙楷第耿介而委屈之心迹的生动写照。

2017 年 2 月 1 日初稿于石门

2 月 3 日改定

---

① 张中行：《孙楷第先生》，《读书》，1989 年第 4 期。
② 杨镰：《孙楷第先生晚年二三事》，《文史知识》，2006 年第 6 期。

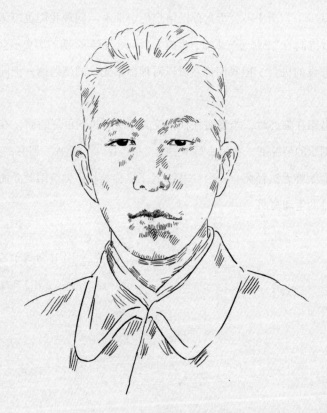

罗根泽

一代学人罗根泽

——读马强才《罗根泽先生年谱简编》①

很早的时候，我就知道学者罗根泽是河北深县人，从那时候开始，这一印象一直深深地刻在脑海里。当我着手编辑《河北近现代学者年谱辑要》时，唯一不用再核实籍贯的就是罗根泽。能留下如此深刻的印象，多半是因为他贫寒的出身。那一代学人的家庭出身，往往非富即贵，再或者就是书香传家，像罗先生这样农村贫寒家庭出身的，真是凤毛麟角。

时隔多年以后，罗先生的子女在怀念父亲的文章中写道："父亲家在河北农村，世代'面朝黄土背朝天'，终日辛劳才聊以糊口"，"父亲从小就干农活，大约到十一岁上，家人才不无勉强地送他入学堂"。②家境贫寒，读书又较常人晚，这从开始就注定了罗根泽的求学之路坎坷不平，往往不得不耗费数倍于他人的精力和时间。因为我也生长于河北的农村，对此自有切肤的体认。

从曾国藩总督直隶，多方罗致英髦伟异之士，吴汝纶执掌莲池书院始，保定境内的民风淳朴好古，士大夫修习古文翕然成风，这对年

---

① 马强才：《罗根泽先生年谱简编》，原附录于清华大学国学研究院主编、马强才选编《罗根泽文存》，南京：江苏人民出版社，2012年；后收入《河北近现代学者年谱辑要》，第106—138页。
② 罗蒨、罗兰、罗芃：《路漫漫其修远兮——怀念父亲》，《罗根泽古典文学论文集》附录，上海：上海古籍出版社，2009年，第611—612页。

幼的罗根泽有直接影响。他的启蒙老师武锡珏便出自吴汝纶门下。然而罗根泽并不画地为牢，在经过短暂的沉寂之后，他决定报考当时文科学子心目中的最高学府——清华大学研究院国学门，为了保险起见，还报考了燕京大学国学研究所。

经过一段时间的忐忑不安，考试结果一朝公布，罗根泽被这两所大学同时录取！身处今天的体制让人绝难理解的是，罗根泽不必艰难抉择，放弃其中一个，从而选择另外一个。是的，他可以包揽全收。既在清华研究院攻"诸子科"，师从梁启超和陈寅恪；又在燕京研究院读"中国哲学"，师从冯友兰和黄子通。那时的罗根泽，正可以用"春风得意马蹄疾，一日看尽北平花"来形容了吧。

对罗根泽的治学之路产生重要影响的，主要有三位师长。第一位是梁启超。梁任公对他的影响主要在于治学精神和方法。罗根泽曾在《我的读书生活》一文中动情地回忆了开学不久的一个场景：梁启超带领新入学的罗根泽、蒋天枢以及上届的刘盼遂、姚名达等共二十余人，前往祭扫王国维墓。在墓前对诸生说："静安先生的学问的确超类绝群，超类绝群的成就由于他有热烈的情感和冷静的头脑。情感热烈，所以学问欲无穷；头脑冷静，所以研治的学问极精。"[1]对此，罗根泽在回忆中用了两个"绝大"来形容，一方面是绝大的鼓励，一方面又是绝大的启发。鼓励是从精神而言，启发则是从方法而言。

第二位是顾颉刚。罗根泽从清华和燕京毕业后，旋即被河南大学

---

[1] 罗根泽：《我的读书生活》，马强才选编《罗根泽文存》，第418页。

聘为国学教授，那是在1929年。然而短短不到一年之后，他返回家乡，应河北大学聘，回母校任教。据《顾颉刚日记》记载，任教河北大学两个月后，罗根泽拜访顾颉刚，这是罗、顾交往之始。接下来的三十年间，二人之间的交往再没有断过。顾颉刚信任罗根泽，提携《诸子丛考》《诸子续考》作为《古史辨》的第四、六册先后出版，为二人的交往增添了更为传奇的色彩。那时罗根泽刚过而立之年，一跃成为古史辨派的代表人物之一。

第三位是郭绍虞。罗根泽与河北大学的聘期也在一年后戛然而止，他又回到北平，任教于国立北平师范大学，并代郭绍虞在清华大学教授中国文学批评史，开始了他学术生涯上极其重要的一次转向。令人惊讶的是，罗根泽在研究文学批评史上的成绩，与郭绍虞有惊人的一致性，比如二人都撰有《中国文学批评史》，比如二人对宋代的诗话都有着极为周详的研究计划。与郭绍虞相比，罗根泽为晚辈，罗根泽研治文学批评史，应受到了郭绍虞的引领和影响。但一开始为后进，很快便并驾齐驱，也是可以想见的。

大约自任教重庆中央大学开始，罗根泽的学术研究又经历了一次新的转向，除继续攻子学和文学批评史之外，他又开始了文学史的研究。教学与科研是相互促进的，这时的他正好教授中国文学史课程。然而时运维艰，无论是在重庆柏溪，还是在南京鼓楼，罗根泽在中央大学的任教时间最长，但除了已确立的诸子研究和文学批评史之外，他在文学史研究方面虽不断有新作问世，在学术影响上却始终未能与另外两个鼎足而立。

从1949年开始，年谱记载开始语焉不详，如1950年仅"1月，在南京"一条，1952年仅"《中国文学发展史纲》以南京大学中文系讲义形式印行交流"一条，1953年乃至于无事可系，不得不付之阙如。[1] 然而历次的运动正如火如荼，罗根泽在身心两方面都正经受着严酷的考验。年谱虽然简而又简，却仍能分辨出一些暗影和火光，如1956年"12月16日，发现肝硬化"，1959年"罗先生被定为'拔白旗'对象"等即是。[2] 1960年春，生命的年轮经历了整整一个甲子，却戛然停止了，而这本该是一个学者在学术上大放光彩的时候。那一天，罗根泽突患脑溢血，经抢救治疗后，"左半身不良于动"，生命虽无危险，却不得不卧病在床，无法继续从事学术事业。据《顾颉刚日记》载："得自珍来信，悉罗雨亭以犯病太多（肺病、心脏扩大、高血压、肝癌、血管硬化），不堪其苦，医院已无法治疗，于上月底跳楼自杀。悲哉！"[3]

一代学人，幼生于贫寒之家，凭借才华和毅力，在学术上脱颖而出。然而时代的涡流，不仅使其未能尽展其才，还生出病魔心魔；而魑魅魍魉，群起而舐舐瘦弱的生命，终于使其不堪重压，选择自弃其生。呜呼哀哉！

2016年11月29日夜于北京

---

[1]《河北近现代学者年谱辑要》，第135页。
[2]《河北近现代学者年谱辑要》，第136、138页。
[3]《顾颉刚日记》第九卷（1960—1963），台北：台湾联经出版公司，2007年，第64页。

张恒寿

张恒寿的朋友圈

——读杜志勇《张恒寿先生年谱简编》及其他 [①]

2007 年 9 月，博士毕业的我投身石门，执教于河北师范大学。一个月后，我开始寻访从河北财经学院退休的外语教授王振玉先生。他是我的堂兄，却比我足足年长半世纪。他视我为小友，每月总有来信，寄给尚在四川大学求学的我，勉励和鞭策并进。我终于辗转找到了堂兄在财经学院的寓所，然而敲门久不应，后来才从家乡传来了他已于当年仙逝的消息。

老成凋零，而吾来也晚。我当然不敢奢望能亲炙历史系的张恒寿先生，却多希望能与中文系的萧望卿先生（1917—2006）有些许的交集啊！"清华同门，津海同授，半世厚谊传日月"，这是萧先生为张先生所拟挽联的上半句。如果不是缘悭一面，或许我便能从萧先生那里，知晓更多老辈学人之间的深情厚谊，因此便会对张恒寿先生的交游世界多一些了解，而现在只能通过一纸空文追寻那遥远的回响了。

"献"虽已逝，而文尚可征。我有幸辗转从"孔夫子网"购来并捧读《张恒寿先生纪念文集》中的诸篇鸿文，如张岱年《怀念老友张恒寿同志》、胡如雷《怀念张老，纪念张老》、赵俪生《回忆张恒寿先生》、张承铭《悼念我的三祖父》、高淑娟《张恒寿先生传略》等 [②]。一位在

[①] 杜志勇：《张恒寿先生年谱简编》，收入《河北近现代学者年谱辑要》，第 139—163 页。
[②] 以上诸文均收录于王俊才、秦进才编《张恒寿先生纪念文集》，石家庄：河北教育出版社，1993 年。

庄子研究和古代思想史研究界叱咤风云的学者，其绵延近一个世纪的朋友圈才渐渐清晰起来。

一、石评梅与高长虹

1920年，张恒寿从家乡平定来到省城太原，就读于太原第一中学，他的第一个朋友圈星云随之建立。其中最为璀璨的两颗，一是石评梅，一是高长虹。石评梅与张恒寿两家为世交，又是义亲，初来乍到的张恒寿便住在石评梅家里。假期石评梅由京返乡，二人对文学曾有过深入的交流。高长虹因为参与创造社以及与鲁迅的关系，在当时的文学界交游颇广，他不仅鼓动张恒寿研读鲁迅作品，而且对张恒寿融入北平的文化圈具有引导之功。

1925年，张恒寿考入北平师范大学预科班，校外来往较多的还是石评梅和高长虹。在当时的北平，为了谋取事业上的发展，同乡之间往往声气相通，互相扶持。山西留京的知识界人士常乃惪、张友渔、陈显文、侯外庐、高长虹等发起成立了《山西周报》，以反对阎锡山为职志，但也夹杂有各种论战的声音。张恒寿经高长虹引荐而厕身其间，结识了很多杰出的同乡义士。然而之后接连发生的家庭变故，使张恒寿只能在家乡隐鳞戢翼，等待再一次的奋飞。

二、张岱年与甄华

1929 年，重返北师大的张恒寿，果断从英文系转到了历史系。由于真正的兴趣在哲学，所以对历史系的课程仍不满意，宁可自己读书，也不愿意上课。关于这一情结，张恒寿的自述是："由于我当时的哲学兴趣非常浓厚，对历史系的课程仍不满意，所以上课的时候非常少，而愿自己泛读杂文。由于盲目泛读，时或有彷徨求索之感。"[1]

无独有偶，正在师大教育系就读的张岱年与张恒寿竟有同样的萧索之感，他也"很少去听课，大部分时间用来自学"[2]。说来也是，历史系和教育系岂能牢笼得住两位笃好哲学的青年？两人都不愿意听课，却在张申府的现代哲学课上巧遇，这一自由来去的课业大概是他们唯一的交集了。两人在课下谈得很投机，从此订交，成为一生的挚友。

此时张恒寿还有另一位"患难与共"的挚友，他就是革命家甄华。虽然在平定县第五高小时已是同学，但二人真正的交往却是在 20 世纪 20 年代末的北平。张恒寿到北师大复学，甄华也随同来京准备升学。在京四年中，他们同住了三年左右。甄华是一名坚定的共产主义者，早在平定中学读书时就创立了平定县第一个共产党支部。与甄华的朝夕相处，培养了张恒寿的革命情感和社会意识。"九一八"事变后，甄华、张恒寿发起建立"平定青年奋进社"，举行演讲，创办杂志，成立

---

[1] 张恒寿：《自传》，载王俊才、秦进才编《张恒寿先生纪念文集》，第 366 页。
[2] 方克立：《青年张岱年的哲学睿识》，《中国社会科学院研究生院学报》，2014 年第 6 期。

流通图书馆，在当时的太原城掀起一阵新文化和爱国主义的飓风。

三、"清华四导师"与"三立学会"

1934年，张恒寿考入清华大学中文研究院，他的导师虽然是刘文典，但真正对他影响至深的却是陈寅恪、闻一多、冯友兰等学者。素来不喜上课的张恒寿，却坚持听完了陈寅恪的"佛教翻译文学"、"《世说新语》与魏晋哲学、文学"，闻一多的"中国古代神话研究"以及冯友兰的"中国哲学史研究"等课程。[①]他不仅如鲸之吸水，巨饮狂吞，而且撰写了一系列包含着不少真知灼见的学年论文或课程作业，在当时的清华园初啼莺声。

抗战时期，张恒寿蛰居北平，一心逃离沦陷区，冒险寄出了两封求助信，一封给西南联大的朱自清，一封给解放区的甄华。然而天不遂人愿，两方面的回音都没有等到，去昆明或延安的希望归于破灭，"遂在这个厌苦而又留恋的北京定住下来"[②]。根据先生侄孙张承铭的描述：

> 1939年春，由于形势所逼，带上妻子刘桂生，隐居北平，改名张永龄，留起胡须，蛰居斗室，闭门谢客，更无心思继续自己

---

① 高淑娟：《张恒寿先生传略》，载王俊才、秦进才编《张恒寿先生纪念文集》，第88页。
② 张恒寿：《自传》，载王俊才、秦进才编《张恒寿先生纪念文集》，第370页。

的事业。由于情绪不佳，年仅37岁的人，未老先衰，疾病缠身，在忧愤中消磨时光。[①]

需要特别指出的是，张恒寿的"闭门谢客"只是针对突然闯入的宪兵，以及无关学术的闲人，真正志趣相投的学术同道，他的大门永远是敞开的。据张老晚年自述，他与张岱年在抗战期间的北平倡议成立了"三立学会"，"每隔二三周相聚一次，谈一些哲学思想和政局消息等问题，虽没有大的贡献，但总算是一个保留民族气节、促进哲学研究的集合"[②]。成员除了张岱年和张恒寿，还有王森、翁独健、张遵骝、韩镜清、成庆华、王葆元等。

所谓"三立"，指立德、立功、立言；而三立学会，大概是一个较为松散的学术共同体。时过境迁，当时举行的各种学术活动和成员间的高谈阔论已然烟消云散了。"人为同类而活"，这样的小型沙龙和集会，不知为这些困厄在平的学者们平添了多少存亡继绝的勇气！

抗战结束后的北平，百废待兴，教育系统缺乏规范和管理，高校教员流通性特别大，教授的聘任基本上是依靠友朋间的推介。张恒寿先是由常风介绍，在临时大学第八班担任国文课，后来改为国立北平艺术专科学校，遂留任为国文讲师，直到新中国成立初期。在此期间，他还分别在业师冯友兰和陈寅恪的推荐下，兼任北平文法学院和私立辅仁大学的中国哲学史和国文课的副教授。

---

① 张承铭：《悼念我的三祖父》，载王俊才、秦进才编《张恒寿先生纪念文集》，第64页。
② 张恒寿：《自传》，载王俊才、秦进才编《张恒寿先生纪念文集》，第370页。

四、任教于河北师范学院

1952年，一位清华同学担任河北天津师范学院的领导职务，张恒寿因为他的关系，赶在北京各高校院系调整之前，转到这一学院历史系任教，一任便是三十七年。从天津到北京，从北京到宣化，从宣化再到石家庄，张恒寿随师院转徙了四个城市。据张岱年回忆，学校虽然迁徙多次，但在北京设有留守处，张恒寿在留守处有一所住宅。他在北京的朋友圈，因为这所住宅，虽稍有疏远，却没有中断。张岱年、王瑶、季羡林、贺麟、周桂钿都是他的座上客。

1957年，张恒寿撰写了一篇大论文，论文题为《试论两汉的社会性质》，刊发在《历史研究》1957年9月号的开篇位置（lead article），篇幅达三万三千字。据后记说，原稿六万余字，因篇幅所限进行了删减。这篇论文连同1956年发表在《哲学研究》上的《评胡适"反理学"的历史渊源和思想实质》，使张恒寿在史学和哲学两界都声名鹊起。同年，中国科学院哲学研究所调张恒寿任该所研究员，由于河北师院执意不放，才改为兼任研究员。另外，据南开大学的温公颐说，河北省委曾打算调张恒寿到南开大学协助创办哲学系，因中央将南开大学、天津大学两校收回而作罢。①

据同事回忆说，张恒寿先生有机会跳槽到更高水平的单位，评任

---

① 温公颐：《悼张恒寿同志》，载王俊才、秦进才编《张恒寿先生纪念文集》，第34页。

更高级别的职称，却因为体制的原因不得不留在原地，拿的还是副教授的工资，"了解情况的人，包括我在内，都为他鸣不平"，但他本人却并不以此为忤，"从来没有人听到一句不满的话"，[①]仍然兢兢业业地完成自己的教学科研工作。这种精神深深影响和感召了身边的一批人。

当时的河北天津师范学院历史系，真正的人才并不多，学术研究上没有起色，教学上也是捉襟见肘，很多课程都开设不起来。张恒寿苦心经营，大力招揽人才：胡如雷原来在邢台师范学校，经过他的力荐，调到了河北天津师范学院；沈长云是赵光贤的学生，毕业后投效河北天津师范学院，张恒寿也是引路人。如今河北师范大学历史系古代史专业人才辈出，生气勃勃，与张恒寿先生近四十年的引领和示范是分不开的。

张恒寿心系同道，大力奖掖后进，他与同事之间亦师亦友，形成了良好的互动关系。胡如雷先生回忆说："每遇到困难，我就挟书求教于张老。最初的几次，在我思想上还有一些顾虑，深恐一再打扰会占用张老太多的时间。但每次登门请教，张老都是那样耐心仔细地解答疑难，日子久了，顾虑也就全部解除了。"[②]沈长云先生回忆说："这些年来，张老实际成了我的又一业师。我不喜到别人家走动，可在张老

---

① 胡如雷：《怀念张老，纪念张老》，载王俊才、秦进才编《张恒寿先生纪念文集》，第 26 页。

② 胡如雷：《怀念张老，纪念张老》，载王俊才、秦进才编《张恒寿先生纪念文集》，第 24 页。

家屁股却很沉，有时竟至坐一下午。"①其实又何止历史系的青年教师？张恒寿先生的交游延伸到了整个河北师范学院，中文系的萧望卿、常林炎，外文系的黄宏荃，莫不受到他的沾溉和影响。

五、简朴而热闹的书斋

据先生侄孙张承铭回忆："张教授生活简朴，从不讲求个人安逸。在他十平方米的卧室里，除三十年代购置的单人木床外，只有一个衣柜和一张书桌；二十平方米的书斋中，除两个木制沙发，一个写字台外，堆放着几千册古今中外图书。他生活的天地就是书，他卧室悬挂的'光风霁月'的条幅，正是他一生品质的写照。"②《张恒寿先生纪念文集》的扉页上，有几张先生的照片，其中与王瑶、季羡林的两张合影，正好在同一个位置，宾主分别坐在两个木制的沙发上，我猜便是出自张恒寿先生的书房。

北京出版社新版的萧望卿《陶渊明批评》的扉页，也有一帧照

---

① 沈长云：《读张老〈共工洪水故事与古代民族〉》，载王俊才、秦进才编《张恒寿先生纪念文集》，第 119 页。
② 张承铭：《悼念我的三祖父》，载王俊才、秦进才编《张恒寿先生纪念文集》，第 69 页。

片①，从背景看，应该是出自同一个位置，但不再仅是宾主两位，而是一幅七人合影，其中既有王瑶、季羡林、张恒寿，还有萧望卿，另外几位则是中文系和《河北师范学院学报》编辑部的王惠云、刘宪章等人。

张恒寿先生的书房，平日里偶有朋辈后进的叩访，那两个木制的沙发，应该就是待客的位置，王树民来了坐在这里，胡如雷来了坐在这里，沈长云来了坐在这里，王俊才、秦进才等学生来了也坐在这里，有的是空谷足音和切磋之乐，但友朋间的互道心声，并不显得热闹。1987年的这一天，张恒寿先生的书房突然高朋满座，变得熙攘起来，既有王瑶、季羡林等北京耆宿，也有同事兼挚友萧望卿，还有几位学术后进。张恒寿先生的朋友圈，除师辈外，一时济济一堂。可对于一位倾心交游的学者来说，这样的日子还是显得太少了！

2017年2月7日于石门

---

① 萧望卿：《陶渊明批评》，北京：北京出版社，2016年。关于这帧照片，张恒寿先生在有关王瑶的回忆文字中曾特别提及："他于1987年到石家庄开文艺会，会后专程来看我，季羡林先生也于参观了烈士陵园后，下午来了。河北师院学报编辑部的刘宪章为我们照了一张像，以为纪念。"张恒寿与王瑶之间的友情，始于清华读书时（张恒寿：《回忆老同学王瑶同志》，载《王瑶先生纪念集》，天津：天津人民出版社，1990年，第9页）。

王重民

触摸王重民之死

——刘修业《王重民教授生平及学术活动编年》读后 [①]

王国维自沉约四十年后，昆明湖畔的长廊上，又一位学界巨子从此陨落，亲手结束了自己的生命。与大多数渴望了解却并不精熟于每个历史断层的文化爱好者一样，我对王国维之死耳熟能详，却对王重民之死置若罔闻。直到那天下午，偶然间读到刘修业女士的《王重民教授生平及学术活动编年》，并经历了数天的心理郁勃和晦暗，我决意到颐和园去缅怀二王的英灵。从知春亭放眼波光潋滟的昆明湖，在长廊里默数每一根雕梁画栋，环绕西堤暴走，又频频回首，在冬日和煦的阳光下释放自己，我终于慢慢平复了悲愤难抑的心情。

王重民先生之死，就我有限的理解来看，主要留下三大缺憾。一是先生"读万种书"的夙愿未能实现。作为王先生的生前挚友，傅振伦在《王重民别传》中回忆说："有三在北京读书，博学多闻，于书无所不窥，勤攻读，孜孜不倦，尝言古人愿走万里路，读万卷书，我愿读万种书。" [②] "读书破万卷"出自杜诗，代表唐人的眼界，王先生的"读万种书"实际上是在老杜"读万卷书"的基础上拓展而言。因为一

---

① 刘修业：《王重民教授生平及学术活动编年》，原附录于《冷庐文薮》，上海：上海古籍出版社，1992年，第878—916页；后收入《河北近现代学者年谱辑要》，第164—189页。

② 傅振伦：《王重民别传》，《中国当代社会科学家》第1辑，北京：书目文献出版社，1982年，第8页。

种书往往不止一卷，而是数卷、数十卷，万种书就是数万乃至数十万卷，因此代表的是一种更为宽阔的视域和远大的计划。

王重民一生孜孜矻矻，手不释卷，辗转于几座全世界最伟大的图书馆之间，以他的勤奋向学和读书能力，所涉猎和过目的著作或当在万种以上。然而仅就撰成提要的书来说，尚不足万种之数。《中国善本书提要》以及《续编》共著录善本书5120余种，加上《敦煌古籍叙录》200种，以及已草就却未缮写的《普林斯顿大学葛思德东方图书馆善本书提要》1000种，统共6320余种。倘若天假其年，他必将继续徜徉书海，尽阅木犀轩、四当斋等北大善本珍藏，并笔之于提要之中。这是王重民之死带来的巨大缺憾，永远无法弥合。

二是很多著作未来得及定稿和出版。王重民的著述当中，有一部分撰写与出版的时间相距较近。如1925年开始撰《老子考》，至1927年即正式出版；1935年，《巴黎敦煌残卷叙录》陆续写成，同时在《大公报》图书副刊上专栏刊登，第二年即衷为第一辑出版。但更多的却是反复修改，不断增订，以至延宕和耽搁了出版的时间。如《徐光启传》"先后已修改三次，因故未即印行"，《清代两大辑佚家评传》"这个书当时曾经写定，但还想再行增补，致此稿未及出版而遗失了"。

对王重民先生来说，越重要的著作，可能越不汲汲于出版。《中国善本书提要》无疑就是这样的著作，它主要包括"美国国会图书馆所藏善本书录"以及"北京图书馆寄存美国国会图书馆善本书提要"两部分，该书在其生前未能出版可能有政治上的原因，但更重要的原因则是迟迟未能写定，以至于一再延迟出版时间，最后竟成未完稿。端赖于其遗孀刘修业女士的整理，才在作者殁后复呈现于学界。

余嘉锡的著述事业与王重民相仿，他的《目录学发微》早已印行，而代表其学术巅峰的《四库提要辨证》则直到晚年才公之于世，从草创到出版竟历经五十五年之久。余嘉锡在"时年七十有二"撰写的《序录》中，备述此书创制之艰难，虽然"往往草创未就，旋觉其误"，但呕心沥血之作，"为一生精力所萃"，仍望能在生前出版，于是"重加编定，取其成稿四百九十篇"，"汇为一书，以就正于当世"。①《中国善本书提要》中的五千多则提要虽然出版于20世纪80年代，但实际撰写时间却是近半个世纪之前，因此邃于流略之学的民国学者中，王重民与余嘉锡堪称双峰并峙，不遑多让。然而相比之下，《中国善本书提要》却不如《四库提要辨证》幸运，因为它未经作者亲手写定，缺少了详述其间曲折经历的"自序"，不能不让后人感到无尽遗憾！

三是王重民之死在1975年，已经逼近"文革"的尾声。在1974年的"评法批儒"运动中，王先生未能置身事外，不得不带头整理《管子》，撰写法家类著作提要，但他不肯曲学阿世，力主《史纲评要》不仅不是"海内孤本"，而且还是伪托之作。迫于王重民的鉴定结论，这部受到江青青睐的著作，便无法光明正大地出版。可想而知，席卷而来的猜忌、指摘和攻击，便兜头浇在了王重民的身上。

树欲静而风不止。第二年4月15日，北大礼堂召开了全校批斗大会，王重民成为众矢之的。大会"以不点名的方式，说他以资产阶级

---

① 余嘉锡：《四库提要辨证·序录》，北京：中华书局，2007年，第48页。

思想腐蚀党员干部"，会后还有领导人找上门来，猎猎咻咻，含沙射影。冠心病复发的王重民已是风中之烛，再也禁不起任何侵虐和攻击了。可"擅于做思想工作"的工人师傅仍口口声声要他做思想检查，"我不能再做思想检查"[①]，王先生的声音显得微弱，却异常决绝。那一夜，他彻夜未眠，该是怎样黑暗的一夜啊！

翌日清晨，王重民离家出走，深夜在颐和园被发现，竟成永诀。对此散木写道：

> 我们应该记住这一天：即1975年4月16日的深夜，"士可杀不可辱"的时年73岁老翁的王重民，在颐和园长廊上自缢了。终于，他与在这场"巨劫奇变"中的老舍、傅雷、刘盼遂、陈梦家、向达、傅洛焕、汪篯、李平心、翦伯赞、邵循正等同道一起，以及与先前在颐和园长廊投水的王国维先生一样，用极为惨烈的方式，相似于当年李贽自谓"七十老翁何所求"而在狱中自刎、王国维一纸"五十之年，只欠一死；经此世变，义无再辱"而跃入水中，共同身殉了中国文化之既倒，与之共命而同尽矣。[②]

需要指出的是，散木提到了多位殉道者，其中居首的老舍自沉于1966年。同年，傅雷、朱梅馥夫妇自缢而亡，刘盼遂、向达被批斗至死，陈梦家吞食安眠药继而悬梁自尽，傅洛焕投湖自杀，汪篯服毒自杀，

---

① 《河北近现代学者年谱辑要》，第 187 页。
② 散木：《"批儒评法"运动中王重民之死》，《文史精华》，2005 年第 11 期。

李平心开煤气自杀。1968年，翦伯赞、戴淑婉夫妇服用安眠药自杀；1972年，邵循正被折磨致死。从中不难发现，"文革"伊始，各种奇祸巨痛接踵而至，毅然赴死的文人学者最为集中。而到了"文革"中期，虽然各地的批斗运动仍如火如荼，知识分子选择轻生或被批致死的仍有人在，却不再呈现为一种群体现象。

至于"文革"之末，仍用如此惨烈的方式结束自己生命的王重民，可能在当时整个赤县神州都是极为罕见的。已过古稀之年的王重民，在"文革"前和"文革"初期实已备受折磨，他被打成右派，赶进牛棚，卷入四清运动，还一度被迫到"黑帮"大院劳动。他本来已在逆风恶浪中闯出了一片生天，却终于还是未能跨越这黎明前最后的黑暗。惜哉！

捧读刘修业女士的《王重民教授生平及学术活动编年》，令人差可慰藉的是，王重民先生的著作手稿在"文革"中幸未被抄被毁。1967年，先生65岁，"他的遭遇比较起来还算不坏，虽被抄家，图书及稿件没有被毁掉，也没有被游斗"；1968年，"在家仍不时整理他的旧稿，他念念不忘是他心爱的学术研究"；1971年至1972年，"北京大学开始正式上课，他参加系里教学工作"。[1]

《学术活动编年》后附有《著述目录》，从中可知王重民先生有近半学术著作，乃是刘修业女士在其身后含愤全力整理的，其中最为卓著的自当是《中国善本书提要》，此外还有《敦煌遗书论文集》《中国

---

[1]《河北近现代学者年谱辑要》，第185—186页。

目录学史论丛》《冷庐文薮》《徐光启传》等。古有李清照整理赵明诚遗著《金石录》，并撰写后序，名垂青史；今有杨绛整理钱钟书生前手稿札记，出版多达十数部遗著。刘修业女士正可跻身其间，鼎列为三。

王重民先生是不幸的，又是幸运的。幸运仿若是命运女神的眷顾和垂青，使他在而立之年得遇刘修业女士，并且在旅欧时，鸿雁频传，遂订终身，于是"青衫红袖，共结同心；举案齐眉，翰苑增色"，十载故籍奇缘，十载伉俪情深，十载流光溢彩的学术征程。而不幸却如同是命运狂魔的饕餮盛宴，它抖动凶恶而浑浊的目光，机械性地吞食一切：相濡以沫的金色婚姻，辉煌却不无缺憾的著述事业，连同那软弱而鲜活的生命。吃完它咂咂嘴说：痛苦，要学会忘记！

2016年12月12日夜写于石门

12月14日写定

雷海宗

雷海宗后悔了吗？

——读马瑞洁、江沛《雷海宗年谱简编》[①]

经过一番搜索和梳理，我在河北师范大学图书馆借出了《中国近代思想家文库：雷海宗、林同济卷》，在雷海宗文集的后面，欣喜地发现附有江沛先生的《雷海宗年谱简编》；又通过网络查得江沛先生的联系方式，贸然发信，希望收录此谱，很快便获得先生慨允，这着实让我编集《河北近现代学者年谱辑要》的信心大受鼓舞。

然而后来真正迻录原文，却发现该谱仅两千余字，内容不够充实，于是又冒昧请求江先生进行增订。江先生简单询问了续写的规模，便没了下文。两月过后，我意外地收到了增订一新的年谱。作者多了马瑞洁女史，我猜她定是江门高足，奉师命续成之。文笔简练宏粹，相信又经过了江沛先生的审读和润色。

修订后的年谱逾一万一千字，较原谱已不啻四倍的规模。我所能读到的怀念文字，如王永兴《怀念雷海宗先生》、王敦书《雷海宗的生平、治学特点和学术成就》、肖黎《聆听雷海宗先生最后一课》、资中筠《关于雷海宗先生二三事》等，凡涉及年历、可资系入年谱的内容，均能在该谱中一一找到。万字篇幅并不长，但其中蕴含的信息量却极大。

[①] 江沛：《雷海宗年谱简编》，原附录于《中国近代思想家文库：雷海宗、林同济卷》，北京：中国人民大学出版社，2014年，第455—460页；后与马瑞洁合作订补后收入《河北近现代学者年谱辑要》，第190—205页。

王敦书在《中西融汇、古今贯通的雷海宗》一文中将雷海宗的学术生涯分为两大阶段四个时期，文称："雷海宗的学术思想和学术生涯，总起来说，可以分为解放前和解放后两大阶段，而每个阶段又可各以1937年和1957年为界，分成前后两个时期。"[1]虽然不错，但稍显迂折，不够直截。从本谱的展示来看，我认为雷海宗先生的一生可以清晰地分为三个阶段。

第一阶段是三十岁之前（1902—1932），包括求学中外和初执教鞭。总的来说，这是雷海宗学问的培植和涵育的重要阶段。十七岁的雷海宗受教会资助转入清华大学高等科；二十岁毕业后获公费赴美留学资格，入芝加哥大学历史系，主修历史，辅修哲学；二十二岁起继续攻读博士学位；二十五岁获哲学博士学位后旋即返国，先后执教于中央大学和武汉大学，任期都不长。

雷海宗在《专家与通人》一文中指出："凡人年到三十，人格就已固定，难望再有彻底的变化，要做学问，二十岁前后是最重要的，这正是大学生的在校时期。品格、风趣、嗜好，大半要在此时来作最后的决定。"[2]以此来揣度先生本人，他在二十岁前后正优游于中国和世界上最好的大学，奠定了一生学问的基础；学成归来，又在五年的时间里转历了南方的两所一流大学，学术发轫，锋芒初试。

第二阶段是三十岁到五十岁（1932—1952），包括清华和西南联大时期，这是雷海宗学术人生的黄金时期。虽然他在知命之年移砚津门，

---

① 王敦书：《中西融汇、古今贯通的雷海宗》，《世界历史》，1995 年第 6 期。
② 雷海宗：《专家与通人》，《大公报》，1940 年 2 月 4 日。

并终老于南开大学，但学术成就的奠立却是在清华任教期间，尤其是西南联大时期，这是雷海宗声震学林的重要阶段。他的代表作《中国的兵》《独具二周的中国文化——形态史学的看法》《论中国社会的特质》《中国的家族制度》《中外的春秋时代》等均出产在这一时期。在雷海宗先生身后，各种文集所采入的论文大都撰写于此时。

1940年4月，雷海宗联合林同济、陈铨等，在昆明共同创办《战国策》半月刊，"战国策派"由此树立。这一名称源自雷海宗以文化形态史观推演出当今世界乃是古代中国"战国时代的重演"，而知识分子纵论时局，将成为国家、民族之"策士"。《战国策》因经济原因被迫停刊后，"战国策派"的阵地遂转移到了《大公报》"战国副刊"上。当抗战正如火如荼之时，搬迁到大后方的学术界也是波诡云谲，以雷海宗为领袖的"战国策派"堪称是云波中最为奇诡者之一。

第三阶段是五十岁到六十岁（1952—1962），这时的雷海宗已移砚津门，全副身心投入在南开大学历史学尤其是世界史专业的教学和学科建设上。江沛先生在《雷海宗的最后十年》中说："在南开，屈尊任世界史教研室主任的雷海宗，并不以此为忤。在教学上，他请教研室其他老师先认定课程，别人不愿承担或者难以承担的课程由他来讲。"[1]而根据当时教育部的新规定，"世界现代史"和"物质文明史"必须开设，在所有高校都无法立即执行新计划时，南开的雷海宗却能率先开出此两门课程。

---

[1] 江沛：《雷海宗的最后十年》，《中华读书报》，2016年5月25日第7版。

然而政治风云变幻，早年曾加入国民党、倡导战时专制主义的雷海宗不断受到牵连，每次政治运动都未能幸免。尤其是在1957年的"反右"运动中，雷海宗在参加"百家争鸣"座谈会时直言1895年恩格斯逝世以后的社会科学发展处于停滞的状态，虽然"在这62年间，各国工人运动和社会主义革命运动积累了很多的革命经验"，然而"我们今天仍满足于六十年到一百年前马克思或恩格斯在当时认识条件下对问题所说的个别语句"。[①]雷海宗的这一提法，无疑是学术上的睿见卓识，即使在时隔五十多年之后的今天，回首当时雷海宗的论点，仍然让人觉得锐气十足，具有超强的时空穿透力。

　　然而正因为这一观点的鸣放，雷海宗引祸上身，他开始遭受最后十年中最为严厉的批判。由于生不逢时，在另外一个时代占尽鳌头、风光无限的雷海宗，在这个时代却不得不低下头，佝偻起身体。据雷海宗夫人张景莭回忆："天津市内开反右大会，会上海宗被划为右派分子，会后他回家进门时弯着腰，十分沉痛地对我说'对不起你'。这突如其来的恶讯，对他打击太大了。次日他忽然便血两马桶之多，他躺倒了，从此无人敢进我们家门。当时，我能向谁求援，又有何人敢来帮助我们？"[②]

　　无独有偶，就在雷海宗被迫害致死的1962年，与雷海宗列为同卷思想家的林同济，此时正孤身一人躲在自己的公寓里，"蜷缩一角，苟延残喘"。两位"战国策派"学人晚年遭际如此相似，令人唏嘘不已。

---

① 《河北近现代学者年谱辑要》，第204页。
② 引自王昊《雷海宗之死》，《读书》，2006年第1期。

同时，让后人津津乐道的是，雷海宗曾入选当时中央研究院院士初选名单，随后又被蒋介石列入"抢救北方学人"的计划中。在北平解放前夕，梅贻琦、刘崇鋐等多次动员雷海宗南下。雷海宗不可避免地陷入去还是留的彷徨中。此后，时任教育部长的陈雪屏12月11日致信北大秘书长郑天挺，再次敦促若干关键人物早日南下，其中也特别提及雷海宗。然而雷海宗固执地留了下来，准备好了与国人一起，迎接新中国的诞生。

　　追寻雷海宗的心路历程，还可以从此前他在抗战时的一次人生抉择中窥得端倪。五十年后的1992年，学者资中筠到美国洛克菲勒基金会档案馆查阅档案，意外发现几份令人饶有兴致的文件，大约在中国抗战最艰苦的年月，即1943年前后，时任美国驻华使馆文化官员的费正清与清华大学美籍教授温德联名给洛克菲勒基金会写信，建议洛氏基金会资助一些教授赴美讲学，以抢救那些对中国复兴极为宝贵、如今的生活却陷入极端困境的知识精英。

　　这一方案很快便得以实施，建议名单分A、B两批，A批是被认为不但著名而且最有创造力的学者，包括闻一多、费孝通、冯友兰、梁思成、罗常培等十几位学者，雷海宗便在这一份名单上。其中多数都应邀成行，并利用这一机会，在学术上做出了斐然的业绩。而让人颇感意外的是，雷海宗坚拒了洛克菲勒基金会的访美邀请，坚持留在国内参与抗战。甚至连梅贻琦校长亲自出面，动员雷海宗接受邀请，他仍然答复以学校正在最困难时期，自己不宜出国而拒绝。

　　资中筠说："这几句话给我留下很深的印象，引起我很大的心灵震撼。……在档案馆里掩卷沉思，想到他的人格和强加于他的种种罪名之间的反差，又联想到整个一代知识精英的学识、风骨和以后类似的遭遇。"[1]雷海宗没有接受美国大学的邀请，选择在国难时期留守祖国，与人民共命运，一起承受苦难，这实际已为他在1949年前夕坚拒国民党的邀请、拒赴台湾埋下了伏笔。

据雷海宗内侄张启明回忆，坚持自己看法的雷海宗，在晚年的时候难得地后悔了："他当时跟我说：'如果我是学数学的，那就不会像现在这样了。'因为他年轻的时候数学和历史一样好，本来也可以念数学，但偏偏就念了历史，后来遭了这么大的罪。"[2]雷海宗后悔没有学数学而学了历史，不过是对命运的一种揶揄，当不得真。似乎可以当真问一问的是，如果命运可以重新选择，他会不会接受邀请扬长而去呢？

2017年1月18日深夜写于石门

1月19日改定

---

① 资中筠：《关于雷海宗先生二三事》，《博览群书》，2003年第8期。
②《冯友兰、吴晗、雷海宗后人回应何兆武》，《新京报》，2006年9月15日。

冯至

冯至的"三次辉煌"与"年华磨灭地"

——读周棉《冯至年谱》《冯至传》①

因为公众号"明清书话"的摘登，我得以对叶廷芳新著《西风故道》有关冯至的章节先睹为快。叶廷芳是德语文学研究名家，于20世纪60年代毕业于北京大学西语系，旋即留系任教，后来移砚中国科学院外文所，与冯至的人生轨迹如此契合，必然有太多亲炙的机会。他对冯至的追悼不仅情真意切，而且多有鲜为人知的珍贵史料。其总体评价是"三次辉煌"说，这恐怕正好代表了时下对冯至的普遍看法。不妨引录如下：

> 他在20世纪至少有过三次辉煌：20年代以《昨日之歌》和《北游及其他》两部诗集，在中国诗坛崭露头角，甚至被鲁迅誉为当代"中国最为杰出的抒情诗人"；50年代随着第一部论著《杜甫传》的出版和北大西语系主任资格的获得，步入学术殿堂，而且跻身中国科学院哲学社会科学部第一批，也是唯一的一批学部委员之列，并成为外国文学研究所所长，同时还被中宣部任命为《中国

---

① 周棉：《冯至年谱》，原连载于《徐州师范学院学报（哲学社会科学版）》1992年第3期、4期；修订后收入《河北近现代学者年谱辑要》，第206—256页。周棉：《冯至传》，南京：江苏文艺出版社，1996年。
② 叶廷芳：《冯至先生的几个闪光点——纪念冯至先生110周年冥诞》，《西风故道》，深圳：海天出版社，2016年，第1页。

文学史》和《欧洲文学史》的编写负责人；80年代由于又一部学术力作《论歌德》的问世，成为我国德语文学乃至外国文学界无可争议的泰斗和中国作家协会副主席、两届全国人大代表。[2]

叶廷芳采用举其大略的说法，确实能起到振聋发聩的作用。当我对冯至的人生一知半解、不甚了了时，自然对他的说法俯首帖耳，但当我通读周棉先生的《冯至年谱》与《冯至传》，对冯至的人生历程了解之后，便不再餍足于叶先生的说法，并且认为其中尚有可补充之处。

从字面上来看，叶先生说"至少有过三次辉煌"确实是很聪明的说法。"至少有过三次"，言外之意，不排除还有没说到的，读者自然可以据所知进行补充，而问题恰恰在于，读者是有待启蒙的，冯至更多的辉煌业绩却在这一巧妙的说法中被遮蔽了，这不能不让人感到遗憾。

《昨日之歌》《北游及其他》是冯至早期的发轫之作，鲁迅关于"中国最为杰出的抒情诗人"的说法，其实不无勉励提携之意，后来被频频引用，实非出于当时鲁迅的本意。真正能代表冯至诗歌成就的毋宁说是《十四行集》，朱自清称之为"新诗的中年"[1]，在叶先生的表述中却被忽略了。

此外，冯至的确是以"诗人型学者"名世，但除了诗人和学者，他还擅于散文和小说的创作，20世纪40年代创作并出版散文集《山水》

---

① 周棉：《冯至传》，第208页。

和历史小说《伍子胥》，就代表了他在这两种文体上的不菲成就，然而在上段引文中也没有它们应有的位置。

更重要的问题还在于，叶先生胪举的"三次辉煌"到底能否称得上"辉煌"。《昨日之歌》《北游及其他》上文已言，此姑置不论。在叶先生津津乐道的"50年代"和"80年代"当中，各自嵌入了一本学术著作，前者是《杜甫传》，后者是《论歌德》，这确实代表了冯至一生的学术研究中最令人瞩目的两大领域，但叶先生论述的中心不止在于学术，更在于学术之外的头衔、地位和荣誉。

"北大西语系主任""学部委员""外国文学研究所所长""外国文学界泰斗""中国作家协会副主席""全国人大代表"，这些名号的获得，从世俗的角度来说，确实足够"辉煌"，但对一位学者来说，这种辉煌真的可以照亮自身吗？

如果说外在的荣誉真的可以成就辉煌人生的话，对冯至先生来说，他获得世俗荣誉的最高峰是在1987年和1988年，这两年甚至可以称为冯至的"德语文学年"。他先是获得德意志联邦共和国国际文化交流中心授予的艺术奖以及海德堡大学颁发的"金博士证书"，并到柏林领取民主德国"格林兄弟文学奖"；接着又获得了德意志联邦共和国驻华使馆授予的"大十字勋章"；第二年又赴卡塞尔市接受著名的"弗里德里希·宫多尔夫外国日耳曼学奖"。这一系列荣誉加身，才是冯至所获荣誉的巅峰！

然而，冯至先生在任何场合，都回避提到这些荣誉性的称号，而且不愿他的研究者提及，甚至干脆连他担任过的职务也都希望忽略。

周棉先生在《冯至传》中特别提到了雅思贝尔斯推辞名誉对冯至的影响。雅氏极力反对这种虚假的颂扬，他说："失真是有害的，即使它出自善意。……对这种虚假的颂扬，我们在纳粹时代后比任何时候都更反感。我不是英雄，而且也不想当这样的英雄。"[1] 冯至在《十四行诗》中写道：

> 你躲避着一切名称，
> 过一个渺小的生活，
> 不辜负高贵与洁白，
> 默默地成就你的死生。
> 一切的形容，一切喧嚣
> 到你身边，有的就掉落
> 有的化成了你的静默。[2]

那么，既然冯至不看重这些荣誉，为什么还要接受它们呢？据周棉先生说，冯至先生曾告诉他："这些东西，并不能说明他的什么成绩，实际上是联邦德国对中国友好的缘故。"[3]因此，他要把荣誉还给国家。于是艺术奖奖金一万马克被折合成人民币捐赠，设立为"冯至德语文学

---

① 周棉：《冯至传》，第 376 页。
② 冯至：《十四行诗二十七首·鼠曲草》，冯姚平选编《冯至美诗美文》，上海：东方出版社，2005 年，第 67 页。
③ 周棉：《冯至传》，第 374 页。

研究奖",用于奖掖成绩卓著的中青年德语文学研究者。

作为一位严肃的知识分子,冯至经常反思,他一再声称:"这一生应该作的很多,可我作的太少了。"周棉先生认为这表面上的自谦,实际蕴含一种深刻的反思和强烈的自责。[①]新中国成立以后,他虽然还继续写诗,并结集为《西郊集》出版,但其中为人称道的诗歌并不多,何其芳曾不客气地批评这本诗集"多数写得过于平淡,缺乏激情"[②]。此后更长的时间里,诗神开始沉睡,直到八十岁高龄时才被唤醒,但再也难见到作者早期诗歌那种鲜明的个性特色了。

在德国求学期间,冯至静默而充实,拼命地吸吮异国的学术精华,并且开始转化成乳汁,反哺国内的读者。他制定了一个庞大的攻研计划。除歌德外,还有:(一)研究19世纪初期的克莱斯特、荷尔德林和诺瓦利斯;(二)研究20世纪初期的盖欧尔格、霍夫曼斯塔尔和里尔克;(三)研究19世纪三个影响深远的思想家:尼采、陀思妥耶夫斯基和克尔凯郭尔。[③]然而终其一生,这些人中真正完成的只有歌德,连他所景仰的里尔克,也只是译介,缺乏精深的研究。

在战乱流亡期间,冯至开始对杜诗产生浓厚兴趣,正所谓"壮岁流离爱少陵",于是从40年代末开始撰写《杜甫传》。这种对历史人物的兴趣还表现在历史小说的创作上,他创作有《仲尼之将丧》《伍子胥》,这和曾撰有《广陵散》《陶渊明写挽歌》的挚友陈翔鹤不谋而合。

---

① 周棉:《冯至传》,第382页。
② 周棉:《冯至传》,第300页。
③ 周棉:《冯至传》,第150页。

两人曾兴致勃勃地想要联手合作，"给古代著名的诗人每个人都绘制一幅剪影，通过具体的事迹体现他们的内心活动和思想特点"①。然而，这个计划也搁浅了。

可是，哪位学者不是雄心勃勃，在青年时代建立了宏伟而又不切实际的研究计划，到最后蹀躞垂羽翼而壮志难酬呢？这其中有很多深刻而隐秘的原因，我们自然不应该过于苛责。但有一点是毋庸讳言的，即"冯至应该取得更大更多的成就，但是他并没有抓住辉煌的全部"②。冯至"辉煌的全部"像是冰山，呈现在世人面前的，只是冰山的一角。

我不同意叶廷芳先生关于冯至"三次辉煌"的说法，认为它遮蔽了冯至先生真正的辉煌，20年代的诗集还称不上成功之作，远不如《十四行集》丰润圆熟；杜甫和歌德的研究在50年代和80年代瓜熟蒂落，但其萌芽和成长也应追溯到40年代；尤为关键的是，叶先生罗列冯至的各种荣誉称号，将世俗意义上的成功视为冯至先生的辉煌，我不敢苟同，而且我想冯至先生本人也是无法同意的。

冯至是一个虚怀若谷的人，即使是关系密切的亲友，也很难看到他踌躇满志、自鸣得意的时候，于是作为读者，很难探知冯至先生的内心，他自己究竟是如何看待自己的一生，什么才是他自己认可的辉煌呢？1988年，83岁的冯至编成回忆性散文集《立斜阳集》，引言中说：

　　20年代的北京、30年代前期德国的海德贝格、40年代前半期

---

① 冯至：《陈翔鹤选集序》，《文学评论》，1979年第3期。
② 周棉：《冯至传》，第382页。

的昆明——这三个城市曾是我的"年华磨灭地"，但它们丰富我的知识，启发我的情思，是任何其他地方都不能与之相比的。①

"年华磨灭地"不是年华虚掷，而是生命力的贯注和迸发，这几处地方不正是冯至先生才华施展、抱负驰骋的绝好舞台吗？换言之，这三个时间节点才是冯至一生驰魂夺魄的最好年华啊！

在20世纪20年代的北京，冯至开始睁眼看世界，从一个懵懂的少年变为一个文学青年。中西文化碰撞交汇，他博览而约取；一生的挚友如杨晦、陈翔鹤、陈炜谟、顾随，还有一生的伴侣姚可昆都是在此时相遇；他开始写诗，并一发而不可收，在诗坛崭露头角，并通过诗歌重塑了自我。

在30年代的海德贝格，冯至开始践行新知，从一个忧郁的青年变为一个坚定的学者。海德堡大学历史悠久，众多一流学者云集于此，设坛讲学，并创立学派。五年学习，冯至转益多师，雅思贝尔斯、克尔凯郭尔、宫多尔夫、布克，还有歌德、里尔克经典作品的指引，使冯至受益终生。

在40年代的昆明，冯至开始升华和爆发，从一个崭露头角的文学青年变为一个集创作与研究于一身的多面手。据说只要谈及昆明，冯至总是满怀深情。周棉先生认为，冯至怀念昆明，"决不是因为它的秀丽风光，而是环境变迁导致的感悟，人生境界的升华和在民主运动中

---

① 冯至：《立斜阳集·引言》，《冯至全集》第四卷，石家庄：河北教育出版社，1999年，第264页。

认识的提高"①。但我想，冯至怀念昆明当然不全因为"秀丽风光"，却又确实离不开山川美景。杨家山林场的茅屋，一定是冯至魂牵梦绕的所在，在那儿冯至写出了他的《十四行集》，而且让他蜚声学界的歌德研究、杜甫研究无不发源于此，散文集《山水》和历史小说《伍子胥》也是在联大八年期间创作的。

细绎令冯至怀念不已的三个"年华磨灭地"，他在20年代、30年代、40年代分别走过的三个时期，与他所研究的诗圣杜甫一生中的三个时期：读书壮游、困守长安、漂泊西南，何其相似乃尔！不同的是，杜甫先南北漫游而再旅食长安，冯至先求学北京而后才是海外漫游；不同的是，杜甫是"放荡齐赵间，裘马颇清狂"，而冯至是沉思在涅卡河畔，沐浴浪漫主义、存在主义的光辉；不同的是，杜甫在夔州之后，居无定所，两年之后便客死湘江舟中，而冯至则得享期颐之寿，阅尽苍凉和繁华。

1980年8月，在好友卞之琳八十寿辰之际，冯至托人献上了一首贺诗，其中写道：

> 我常漫不经心地说，
> 歌德、雨果都享有高龄，
> 说得那高龄竟像是
> 难以攀登的崇山峻岭；

---

① 周棉：《冯至传》，第184页。

不料他们的年龄我如今已经超过，

回头看走过的只是些矮小的丘陵。①

按照我的理解，冯至自谦走过的"只是些矮小的丘陵"，可能是针对 1949 后的历程而言，从他对北京、海德贝格、昆明三处"年华磨灭地"的深情回忆来看，那些磨灭了年华却磨灭不了记忆的光辉岁月里，有的是万壑千岩、壁立千仞！

　　不可否认的是，叶廷芳所说冯至的"三次辉煌"，各种权力在握，各种头衔加冕，各种荣誉加身，作为一个学者，已到达人生顶峰，可谓辉煌之极，灿烂之极，但这种辉煌只是世俗意义上的辉煌，并不代表真正内心的充实。20 年代的北京、30 年代的海德贝格、40 年代的昆明，虽然可能物质匮乏，贫寒艰危，烽烟八面，转徙万里，但冯至昂首挺立在学术的云端，内心充盈，挥翰临池，著作等身。我想，这才是冯至一生中真正的"三次辉煌"吧。

　　　　　　　　　　　　　　　　　　　2017 年 1 月 2 日于石门

---

① 冯至：《谈〈距离的组织〉——赠之琳》，冯姚平选编《冯至美诗美文》，第 118 页。

张岱年

大林容豹隐，何必下西洋？

——读刘鄂培、杜运辉《张岱年先生学谱》[①]

哈佛校长德鲁·福斯特说，一个人生活的广度决定了他的优秀程度。她总结这句格言的时候，一定没有顾及哲学家康德。理性而近乎刻板的康德，几乎一生都没有离开过柯尼斯堡方圆四十公里的范围。海涅对此评价说，康德的生平履历很难描写，因为他既没有生活过，也没有经历什么。

如果有幸生在清末民国，我一定是笃定的国粹论患者，一直以为从事古典学术的研究不必跑到国外去。但当阅读那一代学人的年谱，了解越来越多他们成长背后的故事后，我的坚执心开始动摇。如果不是留德十年，冯至的诗歌创作能达到时代的高度吗？如果不是留美和赴欧考察，袁同礼的图书馆学视野能如此开阔吗？如果不是拒不赴美，雷海宗的学术人生将是怎样壮丽的风景啊！

研究哲学也不外此。20世纪50年代初的清华大学哲学系，据张岱年回忆，"教授还有金岳霖、冯友兰、邓以蛰、沈有鼎、王宪钧、任华，周礼全任助教"[②]。其中，冯友兰、金岳霖毕业于美国哥伦比亚大学，邓以蛰毕业于日本早稻田大学，沈有鼎毕业于哈佛后又游学德国，王宪钧则先后在柏林大学、维也纳大学等地进修和研究，任华毕业于哈

---

① 刘鄂培、杜运辉编著：《张岱年先生学谱》，北京：昆仑出版社，2010年。
② 张岱年：《张岱年自传》，成都：巴蜀书社，1993年，第52页。

佛，周礼全年辈较晚，迟到80年代也曾在美国密支安大学任访问教授。唯独张岱年是例外。

捧读刘鄂培、杜运辉《张岱年先生学谱》，我大概也抱有同样的阅读期待，期待这位哲学研究巨子的履历上，除了清华和北大，还有某个世界名校的名字。奇怪的是，张岱年不仅没有留洋深造，他似乎连出国访学、演讲或考察的经历也没有。我以为一定是自己读得不认真，可纵是反复检索，也一无所获。于是，我写信向河北师范大学"张申府张岱年研究中心"的创始人，即《张岱年先生学谱》的第二作者杜运辉兄请教，他很快便回复了邮件，解答我的疑惑：

> 张岱年先生从未出国，这在民国学人中颇为罕见。他的学术思想之形成，深受其兄张申府先生之影响；而他又禀赋优异，定心学术，早年即形成中、西、马会通之理论视野与知识结构；加以超人之勤奋，乃有斯功。

张申府是民国政坛的风云人物。他原名张崧年，是张岱年的长兄，两人年龄相差十六岁。当垂髫之年的张岱年随母亲回乡过田园生活时，张申府已经考上北京大学，成长为数学系的一个哲学怪才了。据说他只学了两个月的哲学，就对罗素的解析哲学产生了浓厚兴趣。毕业留北京大学工作的张申府，走在了时代精神的最前沿，他加入了少年中国学会，与陈独秀、李大钊一起创建了《每周评论》，还担任《新青年》的编委，并成为中国共产党的最早创始人之一。

1920年冬，张申府以蔡元培秘书的名义，赴法深造。在巴黎，他成立了共产党小组，并成为周恩来参加革命的引路人。后又赴德，曾和大数学家希伯特探讨问题，率先指出爱因斯坦相对论在思想界的重要作用，并介绍朱德入党。1924年回国后，参加了黄埔军校的筹建，列席中国共产党第四次全国代表大会。因为政见不合而退党的张申府，事业开始转向，以教学和翻译著述为主，先后执教于暨南大学、大夏大学、中国大学、北京大学、清华大学等。

在重返北京，执教北大、清华之前，张申府对乃弟张岱年的影响是微乎其微的。据张岱年在自传中回忆说：

当时长兄申府已经毕业于北京大学，留校工作，正在北京参加新文化运动和革命活动，在学术界因介绍罗素哲学而知名。他白天都不在家，早出晚归。他在外面的活动也从不告诉家里人，我们只知他很忙。不久他就赴法国参加勤工俭学活动去了。几年后才回国。

高中一年级时，班主任汪伯烈（震）先生开了"中国哲学史"课程……评述了胡适、梁漱溟、朱谦之、张崧年的思想，说张崧年是中国新实在论的代表。这时我才稍知长兄申府与当时中国哲学界的关系。[①]

----

① 张岱年：《张岱年自传》，第4页，第6页。

经过中学阶段各种耳濡目染的张岱年，已经对哲学发生了浓厚的兴趣，"初中二年级时，同学庄镇基喜谈老庄哲学，于是引起我对于哲学的兴趣"；渐渐养成了致思之习，"当时对于哲学有所了解之后，于是对于宇宙人生的一些重大问题深感兴趣。常常独自沉思：思天地万物之本原，思人生理想之归趋"；甚至还发表了一些哲学考证的论文，如《评韩》《关于列子》等。

当他被北师大录取时，在学术思想上已迈入成熟阶段的张申府，仿佛发现了一块天赋异禀的璞玉。运斤大匠，斫轮老手，开始致力于锻造另一位哲学研究的奇才：指导读书，推荐论文发表，还介绍认识学界前辈，孜孜矻矻地尽一个学术导师的所有职责。晚年的张岱年在学术自述中，本来精短的篇幅却用了数段内容来回忆长兄的培育教导：

关于西方哲学，在吾兄申府引导之下，读了一些英文哲学著作。最喜读罗素、穆尔、怀特海、博若德之书，对于此派学者的逻辑分析方法甚为赞赏。

一九三二年吾兄申府主编《大公报·世界思潮》副刊，使我有机会发表一些长短不同的学术文章，颇引起学术界的注意，是为我参加学术论坛的开始。

由吾兄申府介绍，认识了哲学界前辈熊十力先生、金岳霖先生、冯友兰先生。[①]

---

① 张岱年：《张岱年自传》，第10页。

张岱年刚毕业于北京师范大学就被清华大学哲学系聘为助教，即是出自冯友兰先生、金岳霖先生的合力推荐。秋季开学，张岱年第一次开坛讲授"哲学概论"，所用的教材也还是由张申府决定的。"吾兄申府决定，让我用 D. S. Robinson 的 *An Introduction to Living Philosohtiy* 作为课本。"

我总觉得，张申府将主要精力用于民众启蒙和社会活动，他在哲学研究上尚未来得及成就的事业，没有建立的体系，正是通过乃弟张岱年来实现的。对于张申府和张岱年在学术旨趣上的相似之处，学界已达成共识：二人都赞同新唯物论的基本主张，并认为新唯物论有需扩展、发挥之处；张申府注重体验、解析及唯物辩证法，张岱年更进而缩合唯物、解析、理想三者，认为哲学应以体验、解析、会通为特有的方法。至于兄弟两人的相异之处，有学者指出：

> 张岱年的主要精力放在对一种既提供高尚理想又脚踏实地的哲学的理论建构上，而张申府的主要精力则放在对这种哲学的宣传、鼓吹及对民众的启蒙上。①

这种区别自然来自二人禀赋以及生活经历的不同，也未尝没有包含兄长对弟弟悉心培育的匠心在内。兄长已经有了浸淫于世界学术圈的经

---

① 刘静芳：《论张申府与张岱年理论旨趣的差异》，《中国哲学史》，2009 年第 2 期。

历，弟弟便不必舍近求远再远渡重洋去借镜。对于青年张岱年来说，一方面，他已有了一位卓越的导师，即其兄张申府；另一方面，当时的民国学界，已经引介了大量国外的学术资源，足以让他稳坐钓台、左右逢源。他虽然人在国内，瞩目于传统学术资源，另一只眼早已投向了国外学术的新领地。除了罗素等人的逻辑分析著作，他还系统阅读了恩格斯《费尔巴哈论》《反杜林论》和列宁《唯物论与经验批判论》等辩证唯物论的译籍。

旁搜远绍，博览深观，张岱年既扎根于中国哲学史，从中萃取精华，充分发扬中华民族的主体意识，又借鉴多个外来文化、哲学，突破门户壁垒，将唯物、理想、辩证、解析等思想方法绾合为一；既反对复古主义，又反对全盘西化论；既不偏中也不偏西，力倡文化发展的综合创新说。这与他既深深地根植于国内学术界，又广泛萃取西方学术精华的开拓性视野是分不开的。

张岱年一生没有走出国门，却不影响他成为一位优秀的哲学史家和哲学家，凭《中国哲学大纲》彪炳，成为中国哲学史的三大奠基性人物之一，与胡适、冯友兰鼎立；又以《真与善的探索》《文化论》等书巍立，提出"唯物、理想、解析，综合于一"的哲学观和"文化综合创新论"的文化观，建立了博大精深的思想体系。

张岱年一生没有走出国门，不仅不影响甚至还对他成为一位优秀的哲学史家和哲学家有极大的助长作用。20世纪30年代，毕业后执教于清华，在1935年至1936年间，他集中精力完成了五十多万字的《中国哲学大纲》，如果奔赴海外，他还能完成这一让他名垂青史、一生中最重要的代表作吗？40年代，更是焚膏继晷、夙夜匪懈地完成了《哲学思维论》《知实论》《事理论》《品德论》《天人简论》等著作，如果远渡重洋，他在哲学上研精致思会不会受到影响？80年代，仍孜孜不倦，焕发出蓬勃的活力，学术成果如雨后春笋般接连出版，如果频繁访学于国外，必然会过多地牵扯精力，削弱他在学术研究上辉煌的创作力。

我总觉得，张岱年先生终生未曾出国，尊重西学的同时，却不贪慕留洋经历，终成一代哲学巨匠。固然是因为他已拥有其兄张申府这一良师的指引，无需远绍他求，却又不止于此，还需在更早的幼年教育中寻找基因。

1925年，张岱年在北京师范大学附属中学读初三时，附中主任林励儒为全校师生作了一次学术讲演，讲德国哲学家康德的"三大律令"。张岱年听后非常感动，从此"要把任何人看作目的，不要看作工具"这一律令深深印在他的头脑当中。晚年的张岱年曾对周桂钿说，哲学家有三种类型：一是平实而崇高的散文型，一是跳跃而浪漫的诗歌型，一是有许多戏剧性经历的戏剧型。孔子是散文型，老子是诗歌型，墨子是戏剧型。"我问张先生是什么型的，他说自己是散文型的。"[①]以西方哲学家例之，康德不正是散文型哲学家的代表吗？由此似可推知康德的生活方式对张岱年有潜在的影响。他的终生不曾出国，或许正是康德"一生不曾离开过柯尼斯堡方圆四十公里的范围"的现代写照。

20世纪20年代，北京西城区辟才胡同南半壁街16号的四合院里，鳏居的父亲独自抚养着三子二女，沉毅寡言的张濂很少过问子女的学

---

① 周桂钿：《中国哲学与张岱年先生》，《中国哲学史》，2004年第3期。

业，却也静观默察。他擅长书法，于是将勉励之意寓托在对联里，住宅大门所贴的"大林容豹隐，原野听龙吟"，固然表现了"过隐居生活的态度"，却也似乎寓示了三子张岱年的学术人生：大林、原野不正可指经巨劫奇变而文化精神历久弥新的赤县神州吗？

2017 年 2 月 15 日于石门

阎简弼

云罅光透的学术人生

——读马千里《阎简弼先生学术年谱稿》[1]

《河北近现代学者年谱辑要》拟收的绝大多数学者，以我之俭腹，都早已贮藏他们的大名，且对他们的学术成就粗有所知，唯独阎简弼先生是个例外。在读到马千里先生的《阎简弼先生学术年谱稿》《阎简弼先生遗事》二文之前，我对阎先生的名声和著述渺无所知。而我之所以发愿为河北近现代学者辑录年谱，却实在又是拜受《阎简弼先生学术年谱稿》一文所赐。

那是在2014年夏，我在网络上搜到了《阎简弼先生学术年谱稿》，已经不记得具体是出于什么样的因缘了，可能是备课所需（心态从容时，为备课我可能在网络上越走越远），也可能是因为正定乡贤（有一阵子，我对正定籍藏书家梁清标的事迹兴趣盎然）。拜读之下，深有感于近现代学者虽距今不足百年，其生平事迹消散竟如此之易，而名声一旦之间即阒寂无闻。

同年年底，作为子课题负责人，我参加了阎福玲教授主持的河北省教育厅重大项目"河北学术史与河北学人研究"的课题论证会。在论证会上，我正式提出了编纂《河北近现代学者年谱辑要》的设想，除来自李金善教授和江合友教授的诱发和鼓励外，盘旋脑际的便是《阎

---

① 马千里：《阎简弼先生学术年谱稿》，收入《河北近现代学者年谱辑要》，第288—298页。

简弼先生学术年谱》一文带给我的启示和震动。再读之下，依然感觉新鲜，深感有重述之必要。

阎简弼（1911—1968），字君屏，直隶正定人。关于先生的家世，年谱稿的记载是："阎家世为正定豪绅，有上田五百余亩，住宅与工商业房四处，宅在正定城内梁家角，自有家馆。"[1]赵俪生曾将阎家描述为"正定的首富"，秘密地窖里藏有许多元朝和明朝的元宝。[2]出自富豪之家的阎简弼并未成为纨绔子弟，而是有着极为严厉的家教。

在阎简弼十二岁那年，"因郅轩先生以为'洋学校不重古典'，令其从私立国民小学五年级退学，返家馆读旧书，并延请名儒黄焯亭教授六经等功课"[3]，两年后又改任名儒胡申之，至十八岁读完所有重要经书，完成了传统中国的私塾教育。在父亲阎际隆殁后，毕业于日本早稻田大学的表伯高竹亭担任了监护人的角色，他力主外出就学，于是阎简弼开始了他的北平求学之旅。

阎简弼没有任何富家子弟的坏习气，反而十分好强，在学习上不甘人后。他因为只受过五年的新式学堂教育，因此虽然已到考大学的年岁，却不得不从初中读起。在四存中学读书期间，"因英文教师误责，哭而返里。高竹亭劝使返校。自此苦读英文，成绩精进"。1935年夏，阎简弼先后报考北大、清华、燕京三所大学，且皆被录取。在三所学校中，他选择了燕京大学。

---

① 《河北近现代学者年谱辑要》，第288页。
② 赵俪生：《篱槿堂自叙》，上海：上海古籍出版社，1999年，第126页。
③ 《河北近现代学者年谱辑要》，第289页。

燕京大学是教会学校，引进了美国先进的教学模式，而且有丰厚的奖学金，与北大、清华鼎峙而三，是当时全国学子的最高理想。然而阎简弼却"颇不惬意"，半年后便萌生了转学清华的念头。根据年谱作者的考证，阎先生转学是因为对朱自清的仰慕，一方面是朱自清《诗选》等课程的吸引，另一方面则是因为朱氏参加"一二·九"学生运动体现的爱国热情。

一年后，阎简弼正式转学清华，有了更多向朱自清问学的机会。然而在清华求学才一年，日寇发动"卢沟桥事变"，清华大学南移长沙。阎简弼意欲随同南下，却因妻病子弱而不得行。这时戏剧性的一幕是，在朱自清的荐举下，阎简弼又重回燕京大学读书，虽然是以借读生的名义，却也足见燕京大学制度设计之灵活，以及海纳百川的胸怀和魄力。赵俪生曾引用北京的市语说："北大老，师大穷，清华、燕京可通融。"① 老、穷不知其详，而清华和燕京的通融，从阎简弼的反复转学中确可窥见一斑。

此后的四年间，阎简弼一直在燕京大学读书，尽管窗外战火连天，但勺园仍可以键户读书。他三获哈佛燕京奖学金，均是因名列前茅的优异成绩。后以《宋人词集考略》一文获学士学位，导师是郭绍虞，并考入燕京研究院。在研究院原本想继续研究诗词，"然陆志韦、洪业二先生以为，诗词不过文人副技"②，嘱其于大处着眼，乃追随陆志韦研究古音学。期间还应容庚之请，翻译瑞典高本汉《中国青铜器中的殷

① 赵俪生：《篱槿堂自叙》，第 32 页。
② 《河北近现代学者年谱辑要》，第 291 页。

与周》一文，并独立主编燕大国文学会《文学年报》，处处体现出投身学术的锐气和热情。

1941年底珍珠港战事起，日军解散了燕京大学，阎简弼的学业再次中断。期间仅担任陆志韦的助手，助陆氏撰成《古音说略》一书，还让他保持着学术研究的脉搏和希望。抗战胜利后，燕大复校，阎简弼应陆志韦之邀重返燕大，任中文系助教，讲授大学国文。任教期间，仍对未完成的学业念念不忘，于是重辑硕士论文《王肃音与广韵音比较之研究》，补获燕大文学硕士学位。

阎简弼于1947年被评为讲师，1949年被评为副教授，《燕京学报》《清华学报》成了他发表学术观点的重要阵地。因为秉承新式的教学理念，燕京大学的教授们都没有什么架子，与学生接触频繁，而阎简弼在师辈中年纪较轻，与学生更是打成一片。他曾推荐钱钟书的《谈艺录》给当时燕大的学生周汝昌，体现出他对初学者的拳拳之情。

钱钟书《谈艺录》初版的1948年，阎简弼第一时间撰写了书评，并刊发在《燕京学报》上。他一方面称赞该书"沟通中外，参斟人我，论切肯綮，而言有据凭"，"能将我国的玄言妙诣跟西贤的真知灼见互参对比"，同时也提出了"疏于辨证""造语失帖""征引未周""文有脱误""诠释欠妥""评语自相矛盾""注或衍或漏"等七项意见。[1] 虽褒贬互见，然而瑕不掩瑜，作出了真正学术意义上的评价。

新中国成立之初，阎简弼掩饰不住对新政权的热情，他率先发起

---

[1]《河北近现代学者年谱辑要》，第294页。

签名拥护抗美援朝，参加国剧社募捐义演，加入华东区土地改革参观团，屡次投书《人民日报》，甚至还直接上书毛泽东言办学四事。但他没有忘记作为一个学者的使命，他的研究不再是艰深的古音研究，而是回到古典诗词上来，发表了《〈香奁集〉跟韩偓》《读〈陶渊明传论〉》《谈陶渊明〈命子〉等诗句并简答张芝先生》《陆放翁论诗文》等系列文章，作为主要人员，他还参加了《先秦文学史参考资料》《两汉文学史参考资料》的搜辑和注释工作。

1952年燕京大学被撤销，燕京大学国文系与北京大学中文系合并，原有教师大部分继续留在燕园，阎简弼也在其中。然而六年之后，应高教部要求，先生举家迁往东北，任教于沈阳师范学院，旋又任教于新成立的辽宁大学中文系，此后一直在辽宁大学任教。关于调离北京的原因，令人颇感蹊跷，难以言表。

据江沛先生在《雷海宗的最后十年》一文中说："有一种说法是：为占领意识形态重要阵地的高教界，当时的一个做法是将历史上有问题、政治上不太可靠的学者清除出京，以便于高校知识分子思想改造运动的展开。"[1] 与雷海宗一起调离北京、移砚津门的还有被学生誉为"北大舵手"的明清史专家郑天挺。

阎简弼的离京赴辽，是不是也出于同样的原因，马千里兄在年谱中没有查证，我也不好妄说。然而可以肯定的是，出身"不好"的阎简弼早已嗅到了异样的味道。1948年解放军攻克了正定县城，在土改

---

[1] 江沛：《雷海宗的最后十年》，《中华读书报》，2016 年 5 月 25 日第 7 版。

过程中作为当地豪绅的阎家受到了冲击; 1952年, 燕京大学校长陆志韦遭到错误批判, 作为陆志韦的嫡传弟子, 阎简弼不得不"自行检讨"。

另外, 1946年阎简弼曾致书胡适, 表达对胡适的仰慕, 胡适主动相邀进行面谈, 阎简弼渴望追随之意溢于言表。1955年, 国内掀起了批判胡适运动, 三联书店还发行了《胡适思想批判论文汇编》。阎简弼曾仰慕和追随胡适, 很有可能在这时被揭发了出来, 他之所以被迫离京适辽, 或许与这些背景有关。

幸运的是, 虽然阎简弼未能据守京城, 留在核心学术圈, 但他毕竟还可以手执教鞭, 还可以著书立说。而且辽宁大学对阎先生非常重视, 很快便让其担任校务委员会委员之职。这时的他不仅没有失去科研的活力, 反而比以前更热烈了, 1961年, 他相继在《人民日报》《光明日报》《文汇报》《辽宁日报》等重要媒体上发表了《为〈通鉴〉的编写分工质疑》《陶渊明弹的什么琴》《关于骆宾王为高适改诗》《"映"还是"影"好》等古代文史的论文。

远在北京的师友们仍牵挂着阎简弼, 为他营造着融入主流学术圈的机会。20世纪60年代, 他既应恩师郭绍虞之邀, 为人民文学出版社作《养一斋诗话校注》, 又应中国青年出版社及周振甫先生之约, 从《全唐诗》中摭取了106位唐代诗人的360余首诗, 撰成《唐诗选注》一书。该书成为先生学术生命的绝笔之作。

阎简弼的人生在1968年戛然而止, 年谱对此的记载仅寥寥数语, "4月22日, 因受迫害、遭毒打而不治, 在沈阳逝世"[①], 至于其中受难

---

① 《河北近现代学者年谱辑要》, 第298页。

的细节大概很难再昭示了。赵俪生《篱槿堂自叙》中可窥得些许端倪："阎简弼当年从燕京转来清华，曾与我在一个教室里听冯友兰先生的'中国哲学史'，后来院系调整到东北去，听说在劳动中撂下铁锨钻进了一辆正在开驶中的大卡车的轮底。这样的结果，怕与'出身'问题紧密分不开的吧？"①也只是传闻之词，未见得便是历史真相。但真相谁又能说得清呢？

为了收录这篇启我茅塞的年谱稿，我辗转找到了供职于辽海出版社的马千里兄，在电话里他侃侃而谈，似乎每提到阎简弼他就有说不完的话题。看得出来，他虽然未能亲炙阎先生，却对编辑先生年谱和文集用情极深。值阎先生百年诞辰之际，他自费编印了《阎简弼学术论集》（第一辑），收录阎先生的两篇学位论文。其他论文仍散佚各处，甚或还有若干遗失，再也无法寻觅。

学术史不应该忘记阎简弼，虽然因为历史的原因而潜光匿曜，但他的学术人生透过云罅漏曳的光彩，已足以让作为后学的我敛目收神，景行行止。这片云罅便是捧在我手中的《阎简弼先生学术年谱稿》，我衷心地祝愿马千里兄早日完成他对于阎简弼先生作品的所有辑录和研究计划，因为这是对已逝学人的最好纪念。

2017 年 1 月 22 日初稿于石门

1 月 25 日改定

———————————

① 赵俪生：《篱槿堂自叙》，第 126 页。

胡厚宣

"酒数百斛"与"甲骨五千"

——读何林英《胡厚宣年谱》[1]

何林英女史是郑振峰先生的高足，她硕士毕业于兰州大学，有扎实的小学功底。在河北师范大学读博期间，襄助我整理王应麟的经学著作，我们合作得非常愉快。供职于邢台学院的她，后来喜报频传，入选河北省第一批青年拔尖人才，还申请了五项国家专利技术，这在我曾工作过的小城邢台，都是轰动一时的新闻，但一时过后，又湮没在尘埃里了。

当我着手编辑《河北近现代学者年谱辑要》，想为乡先贤留下一点鲜活的史料，遇到胡厚宣先生年谱无人整理时，自然便想到就在邢台的林英。她爽快地答应了，而且是所有襄助者中最先完成的。由于冗务繁杂，我一时未能先睹为快。当我终于腾出时间和心情捧读这部最先交稿的年谱，很快便进入甲骨学大家胡厚宣先生的世界里。

胡厚宣出生于河北望都，十八岁前，一直在保定读书。因为成绩优异，考入北京大学预科。巧合的是，他考入北京大学的1928年，正是中研院史语所成立的那一年。史语所的很多先生都在北大兼课，授课的对象大都是史学系的学生，胡厚宣便是其中听课最为专注的一位。正是史语所的董作宾、徐中舒两先生，成了胡厚宣的伯乐，推荐他从北大毕业后进入史语所考古组工作，是为胡先生从事古史研究的开端。

---

① 何林英：《胡厚宣年谱》，收入《河北近现代学者年谱辑要》，第 299—329 页。

两位伯乐当中，徐中舒应中英庚款和四川大学协聘，前往四川大学历史系任教授。董作宾一直在史语所，胡厚宣成了他身边最得力的助手，编辑《殷墟文字甲编》《甲骨年表》，都是二人共同署名，从此便与甲骨文字结下了一生的缘分。

日军侵华期间，史语所仓促撤离南京，几经辗转，迁到昆明城北的龙头村。借住民房，上面住人，下面是猪舍。硝烟纷飞的年代里，史语所诸同仁硬生生在一座年久失修的破庙里，安放了一张又一张并不平静的书桌。艰苦的环境反而激发了学术的热情，胡厚宣在撤到昆明的北平图书馆中偶然借到一部《殷契遗珠》，著录了日本人甲骨藏品近1500片，遂大喜过望，竭六日之力尽数摹录，并相继写出了一系列在任一时代看都一样出色的论文。

外在的物质世界如此贫瘠，然而甲骨文献的世界却是如此丰饶，诱引胡厚宣做出了一个旁人看起来难以理解的决定。他决定辞去中研院史语所的职位，接受顾颉刚的邀请，前往成都齐鲁大学国学研究所做研究员。齐鲁大学虽是名校，顾颉刚自是名家，然而史语所在学界居有至高无上的地位，成都的条件比昆明也好不到哪儿去。为什么去此适彼呢？连傅斯年极力挽留也留不住，董作宾为此还挨了批。

用今天的眼光来看，齐鲁大学的平台远不如史语所，也没有提供更优厚的报酬，其他待遇也谈不上，而且为此还不惜开罪自己的恩师，胡厚宣何意如此固执地要离开呢？原来，他听说加拿大传教士明义士所藏大批甲骨藏在山东齐鲁大学，于是便不惜一切代价前往寻访。然而让他始料未及的是，进入齐鲁大学，才打听到明氏甲骨藏品仍留在济南。此时济南早已沦陷，胡厚宣暂时死了心，只能在心里默祷这批藏品千万不要被日军的铁蹄踏碎。

五年后抗战胜利的消息传来，胡厚宣最先想到的就是赓续前志。为探寻济南齐鲁大学本部明义士旧藏甲骨的下落，他东行心切，但一时却艰于成行。后来赖马衡等师友的帮助，才弄到去北平的机票，然而从平、津南下济南的铁路交通尚未通畅，只能重返成都，又一次与明氏甲骨藏品失之交臂。

翌年秋，胡厚宣随齐鲁大学迁归济南校本部，终于得悉明氏甲骨确实尚存原校保险箱内，由校方外籍医学院院长杜儒德教授代为保管，但此时却因内战爆发不得不寄居上海。于是，出于同样的情结，对一个视学术如生命的学者来说，这次的决定看来不再那么难以理解了，胡厚宣因暨南大学丁山、陈述两教授之绍介，受聘于复旦大学，一路追随这令人魂牵梦绕的甲骨藏品。

供职于复旦大学的胡厚宣，并未如愿尽快看到这批藏品，甚至在复旦长达十年的时间里，这批藏品对他来说一直是一个谜。中国科学院成立历史研究所，一、二所急需人才，郭沫若向复旦大学提出商调胡厚宣之请，据说这一调人申请"被高教部和复旦大学拒绝"[1]。仅仅是来自高教部和复旦大学的拒绝吗？我猜可能也有胡厚宣先生本人的坚意推辞。要知道，他应聘到齐鲁，再辗转到复旦，目的都是为一览明义士的甲骨藏品，夙愿尚未达成，怎能违志而去？

––––––––––––––

[1]《河北近现代学者年谱辑要》，第 310 页。

这一梦寐以求的场景终于在将近二十年之后姗姗来迟。1956年2月，胡厚宣应邀出席北京全国考古工作会议，在北京饭店与山东博物馆的王献唐同屋，会后二人被约去济南一周，揣摩彼馆收藏甲骨5000多件，其中三分之二即昔日两访未遇的齐鲁大学明义士原藏。短短不到半年之后，胡厚宣便被调到了中科院历史所，担任先秦史组的组长。据说这次调遣的顺利成行，是因为获得了周总理的亲自批示，可谁又了解胡厚宣本人的夙愿和心意呢？

正是在调任之前，胡厚宣于上海规划分会提出编纂《甲骨文合集》的构想，并很快被采纳，列为历史科学资料整理重点项目之一。此后，他的学术生涯便与《甲骨文合集》结下了不解之缘。这一年胡厚宣四十六岁，到六十八岁《甲骨文合集》编成，从四十五岁到六十五岁，这二十年正是一位语言学者学术生涯中的黄金阶段。他把自己的学术心血全部寄托在这本书上面了！《胡厚宣年谱》总共才两万余字，居然有四十处提到该书。在不同的场合、不同的文章里，胡厚宣一再地深情地回忆编辑这部书的缘起和经过。如《〈甲骨文合集〉的编辑与内容》《从〈殷虚卜辞〉到〈甲骨文合集〉》《李一氓同志对〈甲骨文合集〉的关怀》《深切怀念尊敬的郭沫若同志——兼忆郭老对〈甲骨文合集〉出版的关怀和领导》《〈甲骨文合集〉编辑经过》等。

我在河北师范大学给本科生讲文献学概论，第一章讲到甲骨文，罗列的系列研究著述里，自然少不了《甲骨文合集》，知道该书主编除了胡厚宣，还有郭沫若，而且郭在前，胡在后。这当然不难理解，在当时的中科院历史所，郭沫若是炙手可热的人物。可要论起《甲骨文合集》的成功，连我这个外行都不难猜测，胡厚宣才是贡献最大的那位。可是，历史谁又能说得清呢？现在说起甲骨学史，声势煊赫的是甲骨四堂：雪堂罗振玉，观堂王国维，彦堂董作宾，鼎堂郭沫若。事实上，后二堂在甲骨学上的勋绩，都有胡厚宣的功劳在内。可四堂成伙，胡厚宣便无与了，他该后悔没有取一个某某堂的别号吗？

好像胡厚宣先生压根儿就没有字号，他出身清贫的耕读之家，堂名别号的风雅，他并不感兴趣。从少年开始萌发的，只是对学术的坚忍不拔和一往情深。为了得窥明义士所藏的五千甲骨，他从史语所到齐鲁大学，再到复旦大学，终于得偿所愿，便又回到历史所。这让我不由联想起主动求为步兵校尉的阮籍。据《世说新语·任诞》载："步兵校尉缺，厨中有贮酒数百斛，阮籍乃求为步兵校尉。"[1]一个醉心于酒，一个醉心于学术，"五千甲骨"对于胡厚宣来说，不就是阮籍的"数百斛酒"吗？不同的是，阮籍放浪形骸，而胡厚宣端严持重，然而一往情深的真率则毫无二致。

2016年11月25日夜于石门

---

[1] 刘义庆撰、刘孝标注、余嘉锡笺疏：《世说新语笺疏》，上海：上海古籍出版社，1993年，第729页。

詹锳

"一个薄名声如秋水的学者"

——读林大志整理《詹锳先生年谱》[①]

我在四川大学读研究生时，因为担任著名《文心雕龙》研究专家杨明照先生的助手，常有机会拜访"学不已斋"，偶然间听到杨先生对《文心雕龙义证》的批评，记得有一条是说《义证》将台湾学者所撰《文心雕龙斠诠》的"斠"误认成了"斟"，其他具体批评的内容都早已忘却了。我的箧底，还压着一份杨先生赐予的《〈文心雕龙义证〉发覆》复印件，但我并未一一检视。

我虽然并不完全信从杨先生，却不可避免地带有门户之见，当我致力于攻读《文心雕龙》，广泛涉猎了黄侃《文心雕龙札记》、刘永济《文心雕龙校释》、周振甫《文心雕龙译注》等书，却始终未曾翻阅詹锳先生的《文心雕龙义证》。直到博士毕业后，因为修改博士论文《魏晋南北朝论说文研究》，对《文心雕龙·论说篇》的某个文句始终未能贯通时，才终于想到这本号称繁富的龙学巨著。捧读之下便对文意豁然贯通，并意外地收获了几条闻所未闻的重要材料。

詹锳先生虽然不是河北籍学者，但长期执教于河北大学，是河北大学人文学科发展史上最重要的"三老"之一（另外两位是漆侠和滕大春），而且在古典文学研究界，詹锳先生代表了河北省学术实力的最高

---

① 林大志整理：《詹锳先生年谱》，原附录于詹福瑞主编《詹锳全集》卷六，石家庄：河北教育出版社，2016 年，第 496—505 页；后收入《河北近现代学者年谱辑要》，第 330—340 页。整理说明称"原谱大半由先生自撰"。

水平，堪称是河北的学术重镇。博士毕业时我曾慕名到河北大学求职，后来虽然与该学府失之交臂，但开始有机会不断向詹锳先生门下学人求教，如詹福瑞先生、胡大雷先生，以及詹锳先生的再传弟子林大志先生、张蕾老师等。

我摩挲着从孔夫子旧书网上淘到的《詹锳先生八十华诞纪念文集》，凝视扉页上的詹锳先生近照和工作照，捧读卷首先生自传和卷末林大志整理的《詹锳先生年谱》，深深服膺于詹福瑞先生在《詹锳先生的治学道路与学术风格》一文中所揭橥的"一个薄名声如秋水的学者"①。林大志先生整理的《詹锳先生年谱》实际"大半由先生自撰"，因为出于一手，所以自传和年谱若合符契。但无论自传还是年谱，都失于简略，很多可能会让后学饶有兴味的话题，在詹锳先生笔下都惜之若金，让人稍感遗憾。

比如先生在20世纪40年代后期曾克服重重困难，力图考取国家公派留学生，却被改取为自费留学生，经济并不宽裕的先生仍执意前往美国深造。物换星移的1953年，先生在有机会取得美国国籍并进入上流社会的诱惑下，又决意冲破美国移民局的重重阻挠，归心似箭地回到了祖国的怀抱。驻美的五年，先生学的是心理学，分别拿到了南加州大学和哥伦比亚大学的硕、博士学位。然而这段光彩夺目的流金岁月，在先生的记述中却只有寥寥的一页而已。

又比如在"文革"的十年动乱中，先生被指为"资产阶级学术权

---

① 詹福瑞：《詹锳先生的治学道路与学术风格》，《阴山学刊》，1992年第3期。

威"而横遭批斗，继而被当作"牛鬼蛇神"关进"牛棚"，多次下放到白洋淀和唐庄劳动，随"教育革命小分队"到邢台煤矿、遵化县、玉田县等地接受工农兵再教育。"两次下放劳动，业务大大地荒疏了"——这是先生的感喟；"所幸抄家的人手下留情，书籍很少抄去"——这是先生的乐观。①然而对这段遍布荆棘的屈辱岁月，先生的记述还是显得太简单了。

距詹锳先生的八十华诞，二十年过去了，先生早已驾鹤西去。2016年9月，河北大学召开"詹锳先生百年诞辰暨学术思想研讨会"，河北教育出版社也适时地推出了六卷本的《詹锳全集》。"整理詹锳先生的全集，原则是务求完整，尽可能呈现詹锳先生著述的全貌，遗憾的是未收入詹锳先生的讲稿和书信。"②如果求全责备的话，还应该收入日记、译稿等，但詹先生有没有记录和珍存日记的习惯呢？这就不得而知了。《詹锳全集》名"全"而实不全，除了先生哲嗣移居海外等原因外，可能也跟先生是一个"薄名声如秋水"的学者有关。

但正像詹福瑞先生说的那样："'逃名而名我随，避名而名我追'，先生以令人信服的学术成就，赢得了海内外学者的赞誉。"③可以说，詹锳先生在"李白研究"和"《文心雕龙》研究"两大领域的杰出贡献，是有目共睹的；他的《文心雕龙义证》和《李白诗文系年》均已成为

---

① 詹锳：《自传》，《詹锳先生八十华诞纪念文集》，保定：河北大学出版社，1998年，第8页。
② 詹福瑞：《詹锳全集·后记》，《詹锳全集》卷六，石家庄：河北教育出版社，2016年，第509页。
③ 詹福瑞：《詹锳先生的治学道路与学术风格》，《阴山学刊》，1992年第3期。

相关学科的经典著述，也毋庸置评了。

然而细绎年谱，仍能发现历史的某些细节，让人颇感兴味。在1940年先生二十四岁条下，记载"课余之暇，由罗庸指导研究李白诗文。有时也向闻一多请教，闻一多先生借与《唐诗大系》手稿，曾经历日本飞机轰炸昆明，抱手稿跑警报"[①]。此处提及罗庸和闻一多，二人当时都是西南联大的知名教授，蜚声学林。

作为学者的闻一多，在唐诗研究上有一个庞大而宏伟的计划，但因为英年早逝，大多都没有来得及完成，完成的只是《唐诗杂论》等为数不多的几种，詹锳先生曾代为保管并不断抱着"跑警报"的《唐诗大系》手稿初具规模并得以幸存，而此书之所以能在1948年由开明书店出版，詹锳先生可谓功不可没。

青年詹锳既佩服闻一多"怕跑警报耽误时间，在自己的院子里挖个防空洞，日本飞机来时，下防空洞躲一躲就算了"[②]，更佩服老师的学问。他之所以抱着闻一多的手稿跑警报，是他内心对于学术的敬畏以及珍存学术著作的习惯。

五年的留洋生活，家国万里，甚至连专业都已改换，詹锳先生仍能在1957年和1958年连续出版《李白诗论丛》和《李白诗文系年》两种著作（前者所收论文大多曾发表，而后者则完全是手稿），应亦归功于先生的这一"敬畏"和"习惯"。

"文革"期间，多少学者的著作手稿被付之一炬。在这一方面，詹

---

① 《河北近现代学者年谱辑要》，第332页。
② 詹锳：《自传》，《詹锳先生八十华诞纪念文集》，第3页。

镆先生无疑是幸运的，他在自传中回忆说："所幸抄家的人手下留情，书籍很少抄去，稿件和资料也只没收一小部分，后来也大都补起来了。"[1]在1982年结集出版的《文心雕龙的时代风格学》，其中所收多篇论文，都撰写于"文革"之前。先生是幸运的，但这份幸运又何尝不是对他良好习惯的回馈呢？

与闻一多相比，罗庸的名声沉寂得多，这一方面是因为他未随校北返，在抗战结束后仍长留西南边陲，投身当地的高等教育；另一方面大概也是因为罗庸先生抱持着不轻易著书立说的传统，因而著述不多。近年，我的同事杜志勇兄整理出版了罗庸先生的三部著作：《中国文学史导论》《习坎庸言》《鸭池十讲》。三书都被收入了北京出版社的"大家小书"系列，罗庸的名声借此始为流布。

我之初识罗庸之名，是在《逯钦立文存》中。在《先秦汉魏晋南北朝诗凡例》后附有罗庸《逯钦立君研究工作提要》，从"校辑所依据之材料""工作程序及其预备""工作者应有之基本常识""目前着手方法及读书次第""工作报告及成绩"等五个方面展开，洋洋洒洒五千余言。[2]如此敬业负责的导师，如此详悉的指导方案，令当时的我大感震惊。

逯钦立在罗庸先生的悉心指导下，开始了对冯惟讷《古诗纪》补正的工作，后来又进一步欲驾《古诗纪》而上之，以重编《先秦汉魏

---

① 詹锳：《自传》，《詹锳先生八十华诞纪念文集》，第 8 页。
② 罗庸：《逯钦立君研究工作提要》，《逯钦立文存》，北京：中华书局，2010 年，第 153—158 页。

晋南北朝诗》为职志，并在1949年后焚膏继晷，终于完成了这一令他名垂青史的著作。而詹锳先生大约也是在同时，接受罗庸先生的指导，开始研究李白的诗文作品，他最终在古典文学研究上立足并成名，首先也是得益于他的李白研究。《逯钦立君研究工作提要》云"据前国立中央研究院历史语言研究所档案复制件排印"，我很想知道的是，会不会有一份同样出自罗庸先生之手的《詹锳君研究工作提要》还尘封在北京大学档案馆或某个不为人知的角落呢？

晚年的詹锳先生，曾指导门下的八大弟子共同完成《李白全集校注汇释集评》。詹锳先生在自传中曾谈到具体方法："我和他们采用研讨会方式，对《李白全集》的重点篇目进行讨论，初稿由大家编写，我对大家的初稿加以修改批示，再由原编者进行修订，交来后我再精心修改。这样教学研究互相促进，收到明显的效果。"[1]这是一种新型的集体撰作方式，其思想来源或许便得自西南联大罗庸先生的启示。

另外，为罗庸先生整理《习坎庸言》等三书的杜志勇兄，博士出自詹福瑞先生门下，算起来应即詹锳先生的再传弟子，由他整理刊布詹先生业师的著作，也许是出自冥冥中的天意吧。

读罢《詹锳先生年谱》，掩卷长思之余，翻读《詹锳先生八十华诞纪念文集》的其他内容，读到《前言》对《文心雕龙义证》的一段评述："以巨细不遗、包罗宏富、资料全面著称，是继范文澜《文心雕龙注》、杨明照《文心雕龙校注拾遗》之后的最为系统全面的研究《文心雕龙》

---

[1] 詹锳：《自传》，《詹锳先生八十华诞纪念文集》，第12页。

的集大成之作。"①《义证》是詹锳先生的代表作，这一评价自然无任何虚誉，完全可以当之，只是此评推举《义证》的同时，还标举了范文澜《文心雕龙注》和杨明照《文心雕龙校注拾遗》在近代"龙学"史上的经典地位。

此前言不知出自谁人之手，但经过詹锳先生本人的校读是毫无疑问的。而据我所知，杨先生曾訾议詹先生的《义证》，先生却不以此为忤，更可见他虚怀若谷的君子之风。杨明照先生的《〈文心雕龙义证〉发覆》终究没有发表，他赠给我的手稿复印件依然藏在箱底，仿佛从未被触碰。"相逢一笑泯恩仇"，两位去往天国的"龙学"大家，或许早已相逢，正侃侃于《文心雕龙》研究的未解之谜呢。

2017年1月20日晚于石门

---

① 《詹锳先生八十华诞纪念文集》，第3页。

史树青

"卞和到老是忠心"

——读李廷涛《史树青年谱》①

李廷涛硕士期间问学于我，毕业后供职于河北省艺术研究所，从事的职业仍与文艺贴近。他也是那届学生中被公认为博雅多识的一个，所以当我将史树青先生列入年谱编纂计划的时候，自然就想到由廷涛来承担。他不负所望，按时寄来了《史树青年谱》。从材料来源来看，《年谱》不仅凝聚了《鉴定国宝的"国宝"——史树青传》一书的精华，还多方勾稽，参用了很多我闻所未闻的稀见资料。

史树青是河北乐亭人，与晚清京东硕儒史梦兰是同乡。史梦兰（1813—1898），字香崖，号止园，史称其"少孤力学，于书无所不窥，尤长于史。每纵谈天下事，了如指掌"。撰有《永平诗存》《止园诗话》《舆地韵编》《古今风谣拾遗》等。史树青出生时，止园先生已殁二十余年，但斯人虽逝，风范长存，史树青走上学术道路，或当有前贤遥相感召的引领作用。

不过，真正对史树青投身学术起到重要推动作用的，一个是张鸿来，一个是余嘉锡。史树青举家迁往北京后，就读于北师大附中。教国文的张鸿来可不是一般的教书先生，他精研小学，尤其是音韵学，且喜收藏古籍，旁通书画艺术。除在中学任教，还到大学和书院兼课。史树青上高中后，开始不满足课堂所学，经常前往设于北海公园团城

---

① 李廷涛：《史树青年谱》，收入《河北近现代学者年谱辑要》，第341—370页。

的国学书院听课。《年谱》虽未明言，但不难推想一定是出自张鸿来的引导之功，那时鸿来先生恰好在团城国学书院兼课。

史树青最早的一则鉴定逸事，就是与张鸿来先生联系在一起的。据说有人携来一幅《竹石图》，称出自郑板桥之手，让张鸿来鉴定，恰好几位友朋在座，异口同声说是赝品，张鸿来不敢轻信，派人找来了史树青。经过仔细辨识，史树青力排众议，认为是郑板桥真迹。后来琉璃厂专家经过鉴定，与史树青的意见不谋而合。这则逸事，透露的除少年史树青鉴定书画的早慧，更多则是张鸿来身为师长的宽宏和平易。对一个少年的心灵来说，这是多么大的鼓励啊！

从北师大附中毕业后，史树青考上了辅仁大学国文系。当时的辅仁名家荟萃，余嘉锡、刘盼遂、陈垣、沈兼士、于省吾、顾随、孙人和、启功……可供选修的课程自是缤纷多彩，目录学、经学、史学、古文字学、词章、书画……多年以后，史树青在缕述大学所受课业时，余嘉锡和"目录学"排在了最前列。余嘉锡的《目录学发微》当时虽尚未杀青，但已经建立了清晰而成熟的目录学体系。他不仅主讲"目录学"，还主讲"古籍校读法""经学通论"等课程。朝夕请益，焕然发蒙，余嘉锡以一师之力或许无法提供学生全部的学业根基，但对史树青来说，余嘉锡无疑是众师中最重要的那一位。

史树青从辅仁大学文科研究所毕业后，曾短暂任教于汇文中学，其间虽也曾对李学勤这样的学生产生潜移默化的影响，就像当年张鸿来对他的影响一样[1]，但毕竟在中学教书，无法尽展才华。幸运的是，

---

[1] 李学勤：《忆史树青先生的国文课》，《斗室的回忆：史树青先生纪念文集》，北京：文物出版社，2010年，第59—60页。

半年不到，他便进入了国立中央博物院北平历史博物馆工作，推荐人便是辅仁大学文学院院长余嘉锡先生。从此如鱼得水，如龙潜渊，史树青开启了他一生所珍爱和坚守的博物事业。

1948年，史树青进入北平历史博物馆，一开始做秘书，后来兼司文物保管和登记，再后来进入库房，负责文物清点和编目，逐渐成了业务上的骨干。1959年，中国历史博物馆筹建，开始负责文物藏品征集保管工作。到2002年荣休，史树青的博物事业前后长达五十余年。五十年悠长而光辉的博物馆岁月当中，最闪亮的节点都与文物征集和鉴定有关。

1953年，史树青的一位小学同学找到他，想转让家藏书画数种，其中有一幅成吉思汗画像。直觉告诉史树青，这幅画非同寻常。经他推荐，该画成为北平历史博物馆的珍藏。史树青由纸质和签题字体的特征判断，画像是明代人的摹本。然而当时的史树青还是低估了这幅画的年代和价值，十年之后，文化部派书画鉴定小组进驻历史博物馆，张珩、谢稚柳等先生都对成吉思汗画像赞不绝口，一致认定为元人作品，并将其定为国家一级文物。

成吉思汗画像入藏历史博物馆的四十五年之后，史树青又征集了一枚成吉思汗圣旨金牌。那是在1998年，一个河北人拿着一块腰牌到历史博物馆，想鉴定后卖掉。征集处的工作人员认为腰牌是赝品，拒绝收购。这时恰好史树青进来了，他在仔细鉴定后如获至宝，认为是一件极其难得的成吉思汗时代文物。几经辗转，史树青才说服历史博物馆购藏。后来证明，这是迄今为止国内收藏唯一的成吉思汗时代的文物实品。冥冥之中，史树青似与"一代天骄"成吉思汗有着某种特殊的缘分。

然而，文物征集和鉴定带给史树青的，不仅是荣耀和光宠，也混杂了许多无法言说的屈辱和暗影。

1959年，史树青响应毛主席提倡学习海瑞的讲话精神，捐出自家珍藏多年的海瑞《大学中庸平治天下》行书轴。后来该行书轴作为海瑞精神的实物，在中国历史博物馆的通史陈列中作为重点文物进行了展示。孰料时代风云突变，《海瑞罢官》被批判，海瑞亲笔行书轴的陈列成了"配合《海瑞罢官》向党进攻的大毒草"[1]。史树青作为捐献者受到株连，被批为"三家村"的帮凶，屡遭隔离审查和批斗。

1963年，中国革命博物馆大力购藏有关国民党左派名人的文物，柳亚子的红色寿山石印章进入收藏的视野，印文写的是"前身祢正平，后身王尔德；大儿斯大林，小儿毛泽东"，收录人员不解其意。时任文物征集鉴定委员会主任的史树青解释说，这是借历史典故称赞毛主席，"大儿""小儿"的"儿"是"男儿"之意，饱含钦敬，绝无任何贬义。然而在此藏品入藏和编目三年之后，中央某单位工作人员到中国革命博物馆查阅文物目录卡片，偶然看到柳亚子寿山石印章编目卡，大发雷霆。原来此人不学无术，盲目认为"大儿""小儿"是对领袖的不敬，当即向上级汇报。康生批示"可恶之极"，下令彻底追查，参加印章登录入藏工作的史树青因此受到牵连，再一次被莫须有地审查和批斗。

---

[1]《河北近现代学者年谱辑要》，第353页。

2005年4月，史树青在逛大钟寺文物市场时，购得一柄刻有"越王勾践自作用剑"错金鸟篆文的古剑。他认为是越王勾践剑，并第一时间联系了国家博物馆，表达了捐赠的愿望。然而很多专家认为，从器型、表面特征和文字结构各方面来判断，这把剑都像是赝品。但史树青执拗地坚持这把剑是真品的观点，而且认为它比江陵望山一号墓出土的越王勾践剑还好。

这件事在文博界掀起了不小的波澜，很多人都嘲笑史树青，认为他看走了眼，闹出了大笑话，这对从事了一辈子鉴定工作的老学者的声誉造成了伤害。史树青在很长一段时间里都心情郁闷，后来终于豁然开朗，为此事专门赋诗道："越王勾践破吴剑，鸟篆两行字错金。得自冷摊欲献宝，卞和到老是忠心。"①

这把古剑的真伪可置不论。宣德青花大盘、丘逢甲《行书七绝诗轴》、司禾府印、赵孟頫致张景亮书札、海南西汉银印、金银字《妙法莲花经》、刘半农《初期白话诗稿》……这些光辉闪耀的名字，都堪称是史树青一生中征集和捐献文物的代表作品。它们共同拱卫着"卞和到老是忠心"这句诗，拱卫着一颗公心、老而弥笃的史树青，拱卫着他熠熠生光的文博生涯。

2016年11月30日上午于石门

---

① 《河北近现代学者年谱辑要》，第 368 页。

王学奇

"学到如愚始见奇"

——读王学奇先生自订年谱 [①]

来到河北师范大学就职不久，我便知道中文系有两座令人仰止的高山，一座叫夏传才，一座叫王学奇。夏传才先生定居在石门，我曾多次睹其丰采，而王学奇先生未随河北师院南迁，一直留居津门，至今我仍缘悭一面。我曾很想追随王学奇先生的嫡传弟子——霍现俊老师在春节前拜访王先生，却惜未成行。

新学期伊始，开完教师例会，我没有即刻离开，而是逗留在学院办公室，与阔别了一个寒假的同事们寒暄。院办一进门的办公桌上，叠放着一摞印制精美的书籍，我欲展卷一读，见封面题为"王学奇年谱"，还有一位面含微笑的老者，倚坐在书柜前的藤椅上，膝上摊开一份报纸。那一定就是王学奇先生吧，我想。

每本书的扉页上各有题字，知是王学奇先生一一题赠给学院旧相识的，他们很多都已退休在家。其中一本题赠"福玲教授指正"，我急忙打电话给阎老师，征得同意，代他领走先读为快。那天晚上，一盏灯，一杯茶，一本书，让我徜徉至深夜；第二天是整整四节古代文学课，我心里一边敲着鼓，一边按捺不住一口气读完的渴望。

和很多当时的学者一样，王学奇先生一生颠沛流离，抗战期间求

[①]《王学奇年谱》（上卷）为自订年谱，未正式出版，印行时间为 2013 年 2 月。笔者曾据之芟繁就简，编成《王学奇先生学术简谱》，收入《河北近现代学者年谱辑要》，第 371—389 页。

学西北，内战时期播迁东南，新中国成立后又流寓东北，直到移砚津门，执教河北师范学院，仍不得不辗转于天津、北京、宣化和石家庄等地之间，迄未曾有安闲恬愉的书斋生活。在历次运动中也未能幸免，他进过黑牛城，入了管训队，还一度在宣化农场虚掷青春。

但与很多学者不同的是，王学奇先生把时间紧紧攥在自己的手里，化零为整，移花接木，"骗赖"兼施，与各式各样的"克格勃"们斗智斗勇，尽管身体和心灵都伤痕累累，但平庸时代投下的饕餮巨轮，终未能伤害到王学奇先生。一旦确定了自己愿意一生投入的事业，即使困难重重，他也矢志不移。

和很多当时的学者一样，王学奇先生兴趣广泛，他一方面爱好创作，一方面投身理论研究；既打算研究现代作家作品，又对古典文学情有独钟，还曾投身在文艺理论的领域。其实仅就古典文学一端而言，即有广阔空间可为，他注释过《唐诗三百首》，精讲过《古文观止》，还沉潜于王安石的诗歌，有专门的著作问世。

但与很多学者不同的是，王学奇先生是一个纯而又纯的元曲学者，他得以蜚声学界的四部著作《元曲释词》《元曲选校注》《关汉卿全集校注》《宋金元明清曲辞通释》，以及花甲之年开始进入井喷状态的数十篇学术论文，都是紧紧围绕元曲研究展开的。元曲四大家有三家是河北人，元曲研究对栖影河北的王学奇先生来说，真是一个绝好的选题。

年谱既是一部生命史，也是一部心灵史。每一个体都奔流、激荡在共有的时代，因而呈现出很多一致性，又受特殊的心灵所支配，各自外化出浓厚的个性特征。王学奇先生多才亦多情，早年有几段广为人知的恋情，但贵在收放自如，以事业为重，并不沉湎在爱情的幻影里。后来经人介绍认识王静竹女士，结发六十载，伉俪情深，令人敬重。

历经长期动荡不安的岁月，多少学者忧惧不安，噤口不谈政治，而王学奇先生不改初衷，晚年多暇，越发关注国家和社会，新世纪以来的年谱竟以民生民瘼为主体，令人动容。他不但没有被接踵而至的灾祸和屈辱打倒，而是凭借惊人的毅力同狂魔乱舞的社会抗争，即使不得不佝下身体，但心中的脊梁无比挺直。"文革"结束，又用将近四十年流金岁月，锻造了一段叱咤学林的传奇人生。

学术著作的联名题署可能都有一段鲜为人知的隐曲，王学奇先生的著作也不例外。据先生自述，《元曲释词》的真正作者是他和王静竹女士，但最后出版时，他自己只能屈居第二作者，静竹女士竟泯没不闻。其实不难想象，王学奇先生和王静竹女士殚精竭虑，日夜搜讨，苦心撰写《元曲释词》的情形，但也不难推断，顾学颉先生既有指引之功，又曾为该书的出版奔走。任何作品都会经受时间公正的检验，《宋金元明清曲辞通释》更转精详，不断再版，而《元曲释词》恐怕要封藏在学术史之中了。

开始关注王学奇先生著述时，看到共同署名的王静竹女士的名字，还疑心静竹是王先生的女公子，就像陶敏与陶红雨、徐有富与徐昕一样，得知"二王"是伉俪，更油然而生敬佩。没有比夫妻志同道合、举案齐眉更好的合作方式了，"家庭学术化"结出了一个又一个的硕果，因为高产而让人惊叹。

先生于古稀之年，终于出齐了四大册《元曲释词》；在此两年前，《关汉卿全集校注》出版，在此五年后，《元曲选校注》出版；又于耄耋之岁，出版《宋金元明清曲辞通释》。在元曲研究上，先生既致力于最基本的语词汇释，取径于张相的《诗词曲语词例释》以及清代的乾嘉学派，又采用校注的方式，对首屈一指的元曲大家和文献价值最高的元曲总集进行系统整理，酌蠡书海，穷搜冥讨，四部皇皇大著，均告成于秋意深沉的晚岁。

"养成大拙方为巧，学到如愚始见奇"，五岁时父亲据此诗肇赐的佳名，正印证了先生一生的学术品格和胸怀，大拙中含巧，硕愚中现奇，其摧陷廓清之功，正可比拟于唐圭璋对宋词研究、逯钦立对汉魏六朝诗研究、陶敏对全唐诗研究的功绩，堪称元曲研究之一巨擘。

一口气读完年谱，再看卷首先生自撰小诗，"半部年谱虽不长，一代风云共存亡。饱蘸血泪图真迹，于无声处惊上苍"，掩卷长思，若有所悟。

2015 年 3 月 29 日于石门

河北近现代学者
年谱辑要

王京州 编

国家图书馆出版社

"北强原不弱南强"

——《河北近现代学者年谱辑要》编后记

近代中国沿清代学术的发展态势，总体而言，南学强于北学。桑兵认为民国时论南北学风之不同，多据居处而非籍贯[1]；然而陈寅恪函称"中国将来恐只有南学，江淮已无足言，更不论黄河流域"[2]，以推崇"作为粤人"的陈垣和岑仲勉，却是专指籍贯而非居处。若以居处论，南人北来，辐辏北京，学术云盛；若以籍贯论，北学不惟逊于岭南，更远不如江淮：后者才符合陈寅恪致陈垣函的历史语境。然而衡诸其实，又未必尽然，因为近畿的地域优势，直隶或河北又享得天独厚的条件。蔡元培在北大设预科，河北考生占比最大。袁同礼、顾随、缪钺、冯至、傅振伦、胡厚宣都是就近投考北大预科，除缪钺中途辍学外，均读完并获得学历，由此迈出学术征程的第一步。后来的北平城在高等教育上发展迅猛，清华大学、燕京大学、北平师范大学、辅仁大学、中国大学等校与北大并峙，为具有地缘优势的河北考生提供了更多的选择。

1929年秋，在北平城宣武门内鸿春楼，一批青年学者云集于此。王重民、孙楷第率先发起，刘盼遂、罗根泽、傅振伦、谢国桢、孙海波、王静如、齐念衡等人热烈响应，决定成立学文学社，编辑《学文》

---

① 桑兵：《近代中国学术的地缘与流派》，《晚清民国的国学研究》，上海：上海古籍出版社，2001年，第28—55页。
② 陈智超编：《陈垣往来书信集》，上海：上海古籍出版社，1990年，第377页。

期刊。据傅振伦回忆，向达、赵万里因为该社社员多淮黄流域的学者，称之为"北学派"。① 桑兵以为"其实不过戏言"②，实际恐不尽然。当时在北京学界占据要津的多是南人，学文社员清一色的北人，应有标榜北学、与南人争胜的隐衷。其实早在1921年夏，顾随在结识卢伯屏、卢季韶兄弟和冯至后，就曾发起成立通信社，"人数至少要十来个人，少了既不热闹，又不易发展。每月轮流做编辑主任"，"这样一则可以通消息，交换智识；二则可以鼓励求学的兴趣，将来可以作学会的根基"。③ 当时顾随僻处山东青州，声闻阒寂，没有得到更多人的响应，因此他倡导的通信社并未正式成立，仅在一个小范围内进行。但巧合的是，顾随虽然没有标榜地望，顾随、冯至以及卢氏兄弟恰好都是河北人。

散木在《"批儒评法"运动中的王重民之死》一文中曾胪举河北籍的学人，较为详悉，引录如下：

> 当时河北以盛出"读书种子"而著名，遥自清季倡导实学和功利之学的"颜李学派"——颜元、李塨和写有《书目答问》的南皮张之洞之后，河北学人灿然可观。即以近代形成的图书馆学而论，其中著名学人就有孙殿起、李大钊、王森然、袁同礼、王重民、张申府、孙楷第、傅振伦等。此外，考古学如裴文中、贾

---

① 傅振伦：《蒲梢沧桑·九十忆往》，上海：华东师范大学出版社，1997年，第58—59页。
② 桑兵：《晚清民国的国学研究》，第50页。
③《顾随全集》卷八，第380页。

兰坡、商鸿逵，历史学如雷海宗、傅筑夫，文学如高步瀛、罗根泽、冯至、顾随、杨公骥、孙犁，民俗学如李安宅，法学如杨秀峰等等，堪称星河璀璨。①

此文所列虽已臻详悉，仍不免有遗珠之憾。以今观之，至少还遗漏了陈同燮、张岱年、张中行、杨向奎、公木、赵光贤、阎简弼、胡厚宣、侯仁之、史树青等人，而且这是仅就作为文史哲等人文学科的学者而言。扩而言之，如果将自然科学等包括在内，河北近现代知名学者更是不胜枚举。

2016年底，我在北京大学中文系访学时参观了校史展览馆，在"北京大学杰出人物展"的系列展牌上，惊讶地发现北大校史上的河北名人，并非只有李大钊为代表的革命家和以冯至为代表的文学家，更多则是从事自然科学研究的学者：刘仙洲、王竹泉、臧玉洤、何作霖、尹赞勋、孟昭英、张香桐、李连捷、张文佑、王湘浩、侯德封、石志仁、马文昭、于敏。以学术地位而论，竟有十五位学部委员之多。一个月后，我刚好有事访问石家庄市音乐考级办公室，又见识了一系列河北音乐家的大名，他们的照片、简历和代表作，装进一面面镜框，布满了整个办公室的西壁，唐诃、张鲁、生茂、王玉西、李遇秋……直到那时，我终于清晰地意识到以自己的学识和能力，不仅无法为他们一一撰写年谱，连全部知晓这一代风流人物，也一时无能为力了。

---

① 散木：《"批儒评法"运动中的王重民之死》，《文史精华》，2005 年第 11 期。

从在网络上读到马千里兄《阎简弼先生学术年谱稿》时的怦然心动，到那年年底参加阎福玲教授主持"河北学术史与学人研究"的开题论证会，遂有编纂《河北近现代学者年谱辑要》之宏猷，经过长时间地蒐集和邀约，各位同仁陆续交稿，由我审读和校对，再返回修订到最终定稿，已经过去整整两年了。由衷地感谢周棉、江沛、闵军、林大志、马强才、马千里、杜运辉诸位先生，他们慨允将作品收入到拙编当中，三番五次被我打扰，请求增订、新编或删润他们的论文。我的学友江合友、杜志勇、于飞、赵成杰、何林英、李廷涛、赵嘉等鼎力相助，以不同形式参与《年谱辑要》的谋划和编纂，本编中新撰的年谱大多出于他们之手。研究生宁普月、殷旭帮助录入部分文稿，在此一并志谢！

本编所收，共计十五位河北学者，其中除张恒寿、詹锳、王学奇先生外，均为河北籍学人，而且都有幼年长于斯、学于斯的经历。张恒寿、王学奇先生长年任教于河北师范大学、詹锳先生长年任教于河北大学，称之为河北学者，殆无异议。本编以生年先后为序，唯一的例外将尚健在的王学奇先生置于史树青先生之后。如上所述，河北近现代学者举不胜举，难以尽书，更难一一撰为年谱。即使就最初列定的计划来看，便有张申府、袁同礼、张中行、侯仁之、王树民、萧望卿、漆侠、夏传才、胡如雷等先生的年谱因为不同的原因而未能如愿编入，只能留待他日了。

史树青在辅仁大学就读时曾亲炙顾随先生，他自订《几士居词甲稿》请顾作序，旋即又为恩师印行《濡露词》，早结下深厚的师生情谊。

二人在"黎明前的古都"（顾随语）时相过访，共渡忧患。1949年后顾随移砚津门，史树青时常过访的对象又多了同乡前辈孙楷第。大概史树青先生是极为看重地缘乡情的学者，多年后他在接受采访时被问道"您晚年最想做的事是什么"时说：

> 想给河北编一套书。人老说北方"土豹子"，没学问，我就心里不服。南方对北方很讽刺，说北方没什么读书人。……我们河北省人物很多，学问很大，不说早的，就谈清朝，纪晓岚修《四库全书》，晚清张之洞，提出"中学为体，西学为用"，当过两湖、两广总督，就连孙中山的思想也是靠张之洞的思想启发，张之洞这人不得了。两浙、川蜀，甚至陕甘都有人才，怎么能说没有呢？我在有生之年想把这本书编出来，为北方学界立传。[①]

史树青先生于接受采访五年后溘然长逝，"为北方学界立传"的抱负终究未能实现，毕竟那时先生已进入耄耋之年。我们也无从得知他想要采取的形式是什么，传记，丛书，抑或是年谱？《年谱辑要》的编纂，当然不敢奢言能偿史树青先生之愿，倘能弥补于万一，就很知足了。

陈垣致弟子陈述信中附有一绝句称："师法相承各主张，谁是谁非费评量。岂因东塾讥东壁，遂信南强胜北强？"[②]陈东塾是广东番禺人，

---

① 唐吟方：《收藏鉴定与新文物法：史树青访谈录》，《收藏家》2002年第8期。
② 陈智超编：《陈垣往来书信集》，第621—622页。

崔东壁是河北大名人。陈垣原意是说，怎能因为推崇南人陈澧就贬低北人崔述？诗赠的对象陈述恰与崔述同名。而且还是河北乐亭人，乐亭与大名在河北境内虽一北一南，但也可以称为同乡。陈垣引崔述作比方，无疑是极为贴合的。多年后，刘乃和在祝贺学长陈述从事学术活动六十周年时，又借用乃师之诗句并演绎为："北强原不弱南强，南北史家各擅长。师法二陈皆受益，学成树帜自翱翔。"[1]陈述不仅问学于陈垣，而且在抗战后与陈寅恪时相过从，二陈在史学界均享盛名，人称"南北二陈"，此南北则是专就居处而言。无论从籍贯还是居处来说，"北强原不弱南强"无疑都是极公允的提法，因援引以为本书之题辞。

2017 年 2 月 23 日于石门

---

[1] 刘乃和：《贺陈述学长从事学术活动六十周年》，刘凤翥、华祖根、卢勋编《中国民族史研究（四）》，北京：改革出版社，1992 年，第 21 页。

第二辑

DIER JI

袁同礼

世间再无袁同礼

——读李文洁《袁同礼年谱简编（1895—1949）》及其他 ①

一

从孔夫子旧书网上辗转购得《袁同礼纪念文集》一书，读后欣喜地发现其中收有李文洁的《袁同礼年谱简编（1895—1949）》。虽称为简编，篇幅却不下五万字，又念及袁同礼虽祖籍河北徐水，却生于北平，其求学与创业也多在北平城内，壮岁又常游历海外，迄无在河北生活、工作之经历，于是决定暂缓收入《河北近现代学者年谱辑要》，可渴望阅读袁同礼年谱的兴趣，却与日俱增。

丙申岁末，屏居乡里，终于得暇披读该年谱，深感年谱作者无愧袁同礼之功臣。然而以我的知见，既称为简谱，则旨在勾勒谱主一生主要行迹，在关涉出处大节或隐曲心迹时，虽然不妨牵引文献原文，但一般情况下撮要概述即可，不宜在正文中详列档案、函件等资料，最好加以概括说明。追寻起来，该年谱实际上更像是长编，至少也是"编年事辑"的作法，不应因资料不充或仅录前期生平而称作简编。

一方面，我从该年谱中收获颇丰，对袁同礼为图书馆而生的人生历程有了初步认识，同时又无法餍足，于是又取阅钱存训《纪念袁同

① 李文洁：《袁同礼年谱简编（1895-1949）》，国家图书馆编《袁同礼纪念文集》，北京：国家图书馆出版社，2012 年，第 23—88 页。

礼先生》、吴文津《袁守和先生：中国图书馆的先达》、徐文堪《永怀中国现代图书馆事业的奠基者袁同礼先生》[1]以及戚志芬《为图书馆事业奉献一生的袁同礼先生》[2]等宏文，互为参照，袁同礼先生的生命轨迹才在我脑际变得立体而通达起来。

二

五四新文化运动的前夜，袁同礼从北京大学预科毕业，年底参加了一场别开生面的论辩会。论辩会由北大、清华、北师、汇文、协和等一流高校联合举办，担纲英语辩手的袁同礼侃侃而谈、锋芒初露，给当时应邀出席的教育界名流以深刻印象。嗣后获得清华大学高等科主任王文显的推荐，进入清华任图书馆助理馆员，司职参考咨询工作。一年后由于戴志骞主任赴美进修，遂代理主任职务，并负责图书馆新厦的建设事宜。这一难得的机缘，为此后袁同礼叱咤于图书馆界奠定了业务基础。

在北大校长蔡元培的举荐下，袁同礼获哥伦比亚大学奖学金以及北大、清华两校津贴，搭乘"南京号"邮轮赴美，入哥大历史系三年级。对于蔡元培的举荐，袁同礼自然感恩于怀，但他回馈的方式堪称独到——当他归国担任北平图书馆馆长期间，不断创造条件派遣馆员

① 以上三文均收于《袁同礼纪念文集》，第1—20页。
② 戚志芬：《为图书馆事业奉献一生的袁同礼先生》，《北京图书馆馆刊》，1992年第1期。

出国进修，正像他受惠于蔡元培的举荐一样，更多的有志之士，如王重民、向达等在他的举荐下，得以留洋深造，大大拓宽了当时图书馆人的眼界。

肄业于哥伦比亚大学历史系的袁同礼，旋即转入纽约州图书馆专科学校研习图书馆学，从而获得文学、图书馆学双料学士。他紧紧抓住一切可以利用的机会——每个暑期都在国会图书馆进行中文馆藏的编目工作，毕业后赴欧考察，观摩各国图书馆与博物馆设施，并担任国际图书馆协会执行委员会委员。他不断开拓视野，重塑自我，进一步奠定了图书馆业务基础。

从1920年远渡重洋，取得哥大文学学士、纽约图书馆学学士，并短期任职于华盛顿国会图书馆以及赴欧考察，到1924年学成返国，袁同礼用了整整四年时间。搭乘邮轮再次跨越太平洋的袁同礼，已非去国时的既满怀憧憬又倍感前途莫测的矛盾与不安，此时的他手握国内多家图书馆机构的邀请，不禁踌躇满志，准备大干一场。

三

袁同礼返国后先是接受了国立广东大学之聘，担任图书馆馆长。翌年转任北京大学，讲授目录学、图书馆学，并担任北大图书馆馆长。在留美期间，袁同礼曾担任参加美国华盛顿会议的中国代表黄郛的私人秘书，协助搜集资料，参与研究各项问题。因为这层因缘，所以在黄郛摄政内阁成立后，曾延聘袁同礼任国务院咨议，并担任清室善后委员会委员，参与建立故宫博物院。因为对图书馆的职业敏感，袁同礼倡议故宫专辟一殿作为图书馆，为博物院采纳并实施。

20世纪20年代中期的中国图书馆界，正面临蓬勃发展的大好机遇。先是，美国国会通过议案，决定将庚子赔款的余额及利息退还中国，并议定将此款作为发展中国文化教育事业的基金，为此特别成立了一个由中美两国民间知名人士为主的基金董事会，即"中华教育文化基金董事会"（简称"中基会"），共同管理和使用这笔巨款。公共图书馆的设立，有助于提高民众智识，首先被列入了"中基会"的投资项目。紧接着，美国图书馆协会专门派鲍士伟来华考察，助力中国图书馆事业的开展。

此时袁同礼担任北大图书馆馆长，又是故宫博物院图书馆的倡始人，在北京图书馆界声望日隆。他在鲍士伟访华期间，主动联络各地图书馆工作者及有关团体，在北京成立了中华图书馆协会。梁启超被推举为协会董事长，袁同礼任执行部长。同年教育部与"中基会"订立合办图书馆的契约，但由于北京政府财政空虚，无法履行与"中基会"的约定，实际上是"中基会"独力维持。

新成立的图书馆取名北京图书馆，梁启超、李四光分任正副馆长，袁同礼任图书部主任。由于梁、李各兼他职，实际上是袁同礼主持馆务，后来便升任副馆长。1929年8月31日，北京图书馆（一度更名为北平图书馆、北海图书馆）与京师图书馆合并，改组为新的国立北平图书馆，蔡元培任名誉上的馆长，实际馆务仍由副馆长袁同礼主持。

在融入北平、北海图书馆之前，准确地说，是在袁同礼入主之前，京师图书馆更像是加强版的藏书楼，类同于皇家的崇文馆、文渊阁，在服务读者方面形同虚设，现代意义上的图书馆理念没有彰显。袁同礼主事期间，不仅千方百计搜罗文献，充实馆藏，并且规划体制，设计馆舍，延揽人才，重视学术研究，拓展和深化服务业务，促进国际文化交流，为国立北平图书馆的发展创下了斐然业绩，中国国家图书馆的格局与气象由此奠立。可以说，袁同礼对北平图书馆的贡献，可以与蔡元培对北京大学的贡献相媲美。由一座图书馆而引领整个图书馆界，与由一所大学而引领整个教育界，其意义正同。

四

从"九一八"事变开始，因忧虑于时局动荡，北平图书馆委员会在袁同礼的倡议下，决议将善本书籍装箱运出北平，寄存安全地点，从此甲库善本开始了从上海法租界到美国国会图书馆，再到台湾"中央"图书馆的漫长之旅，虽然尚未回归原地，却能安然无恙于天地间，其保存之首功，非袁同礼莫属。在众多善本"流亡"期间，时任驻美大使的胡适曾相继收到国内人士来信，称袁同礼"精神病大发""大发狂疾"[1]，可知他为此所受的艰难与折磨，非常人所能想象。

---

[1] 翁文灏、任鸿隽先后致胡适函，载《胡适往来书信选》，石家庄：河北人民出版社，1998年，第499页。

日本全面侵华开始后，平津各大学纷纷南迁，北大、清华、南开三校合并组织为长沙临时大学，后来又向云南疏散，更名为西南联合大学。北平图书馆部分同仁随之南下，与各高校密切联系，患难与共。抗战期间，袁同礼领导北平图书馆同仁除服务西南联大等高校的学术研究外，还广泛征集战争史料，对抗日战争中极易泯灭的资料如演讲稿、机要文件、宣传品、战地照片等遍加访求，同时锐意于收集西南方志，传拓西南碑文，抢救稀见彝族、纳西族等少数民族文献等。此外，袁同礼还呼吁国际友人协助，向国外征求图书。

值得注意的是，袁同礼在抗战期间转徙西南，率领一部分馆内同仁在后方开展工作，与"中基会"的负责人士意见相左，他们一再敦促袁同礼回平主持馆务，结束长沙、上海、昆明等办事处的工作，担任"中基会"干事长的任鸿隽在五日之间，连去两信，敦促袁同礼返平："吾兄返平服务处境之难，自可想见。唯平馆为中基会重要事业之一，历年用款巨万，此时如有法维持，自应委曲求全，为当地人民留一点文化基础。依此立场而言，兄返平后，即多受一点身体上或精神上之苦痛，乃为民族前途而牺牲。"[1]

袁同礼并没有响应"中基会"的要求，坚持留在西南，拒绝返平委曲求全。在致徐新六等三董事的意见函里，袁同礼透露出自己的心声。他坚持认为留平职员已足以维持现状，"保管馆产已足敷用"，而在不至于影响馆务的情况下，一部分同仁留在南方办事，积极从事图

---

① 1938 年 2 月 13 日任鸿隽致袁同礼函，载《袁同礼纪念文集》，第 58 页。

书馆复兴事业，何乐而不为呢？在患难中从事艰苦卓绝的复兴工作，同时还背负物议，给袁同礼带来了巨大的精神折磨，从他在答复任鸿隽的信中所说"近来患失眠症甚剧"中可见一斑。

事实证明，袁同礼的决定是正确的。他尽管不在北平，却时时通过函件主持平馆馆务，在抗战结束后，北平图书馆几乎毫发无损，而他在南方领导的具有开创性的工作，不仅为图书馆征集了大量的稀见文献，推动了西南联合大学等后方高校的学术开展，而且对中国文化事业的坠而不衰做出了弥足珍贵的贡献。

五

袁同礼曾多次出国考察图书馆事业，如"（1934年）2—12月，袁同礼奉教育部令赴欧美考察图书馆事业"，"1945年1—6月，袁同礼来到美国，一方面争取美国对中国图书馆的援助，一方面参加4—6月的联合国会议"，"（1946年）年初至9月，奉教育部之命赴欧美调查访问"，等等。从时间上来看，这些出访均非短期的观光访问，而是多达数月，可资开展充分的文化交流。

袁同礼在欧美考察期间始终萦怀的一个心愿是与国外机构合作，争取派员进修或工作的机会。他与哥伦比亚大学签订协议，派员到该校图书馆工作，同时在图书馆学院进修，半工半读，每两年更换一人；另外还和国会图书馆以及其他高校有同样的安排。在欧洲，他争取到了同伦敦、巴黎等国家图书馆交换馆员的名额。为此而受惠的有严文郁、汪长炳、岳良木、王重民、向达、李芳馥、曾宪三、吴光清、徐家璧、钱存训等，这些馆员日后都成长为学界或图书馆界的名流。

戚志芬在《为图书馆事业奉献一生的袁同礼先生》一文中曾揭示说："先生选送培植的人才中，大多在后来成为海内外的知名学者，图书馆界名流。这些人中不少并没有回本馆，而是执教于各大学，或到其他图书馆做领导工作，先生对此毫不介意。他曾表示：我们所培植的人才，乃供整个图书馆事业和学术界需要，所以'我宁愿舍己，将种籽散播出去，将来所收获的果实一定更多'。"这是何等的胸怀和气魄！

六

在刘修业先生的《王重民教授生平及学术活动编年》一文中，袁同礼共出现十次，是除传主王重民之外出现最多的人物。介绍王重民课余到图书馆工作，被派往法国国家图书馆做互换馆员，以及袁同礼同意刘修业赴法与王重民团聚，抗战期间去信嘱王重民在美安心工作，秘密运送甲库善本到美，等等，足见袁同礼对王重民的提携与扶助。据《活动编年》1947年记载："（1月）袁同礼函促有三回国代理馆务"，

"袁同礼携眷赴美，有三代理北平图书馆馆务"。[1]后一条未明确月份，置于本年之末，则应为本年年末事。

我一直以为，袁同礼敦促王重民回国代理馆务，而自己相隔不到一年却携眷赴美，与放手其他留洋馆员担任他职不同，是他的金蝉脱壳之计。直到读李文洁《袁同礼年谱简编（1895—1949）》，才明白刘修业弄错了时间。袁同礼携眷赴美的时间不是1947年，而是1949年，出发地是台北，而非北京，所以召王重民归国与自己携眷赴美之间，并无因果联系。

不同于雷海宗的坚拒不动，也不同于任鸿隽的犹疑不决，袁同礼在接到"抢救北方学人"的函电时，毫不犹豫地奔赴南京，等候飞台计划，正像他在抗战期间拒绝返平一样果决。然而赴台后的他，并没有再对国民党抱有不切实际的幻想，翌年年初就接受美国国会图书馆之聘，携眷赴美了。

赴美之后，袁同礼曾短暂担任斯坦福大学编纂主任，也曾赴欧研究汉学西文书目，但主要是在美国国会图书馆工作，不再担任任何领导职务，而是专骛学术研究。十六年间，他完成了《西文论华书目》《俄文论华书目》《中国留美同学博士论文目录》《中国留英及爱尔兰学者博士论文目录》《中国留学欧洲大陆学者博士论文目录》《现代中国社会经济发展资料指南》《中国数学书目》《中国艺术考古西文目录》《胡适先生西文著作目录》等十余部目录学著作，对20世纪前半期中外学

[1] 刘修业：《王重民教授生平及学术活动编年》，《冷庐文薮》附录，上海：上海古籍出版社，1992年，第898—899页。按，王重民，字有三。

术文化交流的成果，加以详细记录，嘉惠学林，影响深远。据他身边的亲友回忆，袁同礼没有任何娱乐消遣，一心扑在学术上，一直工作到生命的最后一刻。

1934年12月10日《中央日报》报道了对考察国外图书事业归来的袁同礼的采访：

> 据袁谈，本人此次出国考察图书事业，历时九个月，经英美法俄二十余国，对各国一切进步之速，深为钦佩，尤以俄意两国为最，该国对学者特别优遇，凡专门学者，在社会有特殊地位，故能专心研究学术，于国家多所贡献。中国欲求富强，非提倡科学救国不可，但欲科学发达，则又非从教育着手不可。[①]

让袁同礼始料未及却又异常决绝的是，他最终来到了"对学者特别优遇"的美国，专门从事学术研究。但他岂能忘记苦难深重的故国？他通过艰苦卓绝的努力，以一己之力编纂十余部内容丰富、体量庞大的工具书，从而为中外文化交流产生了重要的影响。这不是反哺故国学术的最好方式么？

书馆今已遍天下，世间再无袁同礼！

2016年除夕夜初稿于沙河

2017年1月29日改定

---

① 《袁同礼纪念文集》，第48页。

缪钺

"结交名流"与"跌宕文史"

——缪元朗《缪钺先生编年事辑》读后①

吾生也晚,在蜀中求学七载,却没有机会拜识缪钺先生。1995年,缪先生遽归道山,第二年我才负笈而来。大一下学期,在"中国文化概论"课上听历史系的王炎平老师讲文学史,听得如痴如醉,那时我对他的学缘和师门尚浑然不知。读罢《缪钺先生编年事辑》,才知道王老师便是缪钺先生的高足,也才终于对其"跌宕文史"的跨界修为恍然大悟。

缪钺先生祖籍江苏溧阳,生于直隶迁安,五岁时随家迁居保定。九岁始入直隶省立第二师范附属小学,十四岁考入直隶省立第六中学,毕业后先就读于河北大学预科,旋又被北京大学文预科录取。短短一年不到,便因父亲病重返回保定,开始在保定私立培德中学任国文教员,所获薪金成为全家主要生活来源。夏秋之际,正式从北京大学辍学。

缪钺先生没有收获他梦寐以求的大学学历,便因为家庭困顿,开始了长达十余年的中学教育生涯。期间仅短暂地在开封河南大学、广州学海书院任教。然而金鳞终非池中物,与佣书自学最后名动京师的王国维、余嘉锡、钱穆、梁漱溟等前辈学者的传奇人生一样,缪钺先

---

① 缪元朗:《缪钺先生编年事辑》,北京:中华书局,2014年。

生也没有画地自限，从一个没有大学学历的中学教员，一转身变成了浙江大学、四川大学等知名学府的学者、教授。

至于能做出如此华丽转身的原因，从先生在20世纪50年代的学习心得和自我批判中可以窥得些许端倪。先生在《批判我的'闲静自适'的帮闲道路》中反省道："我受父亲的影响，十余岁在中学读书时，接受封建文化，喜欢中国古典文学、历史、乾嘉考证之学，又向往庄子自适其适的人生观与陶渊明闲静的生活情趣。"另外又不无自损地说："在中学教书时，我努力做学问，发表作品，交接名流，向上爬，终于作了大学教授。"[1]前一句无疑是说有家学渊源，幼承庭训；后一句"交接名流"虽是带有自贬色彩的表达，实际上却道出了一种广交游以广学问的道路。

1926年，缪钺先生致《学衡》编者函，称"钺之所以景慕高明者，又岂独声应气求之感而已哉"。1927年，致《甲寅周刊》主编章士钊函，称"本以文会友之意，免独学寡闻之苦"。这两篇书信皆情文相生，斐然可诵，不经意间流露出独学无友的苦闷。然而后者虽获章氏复函，却并未因此订交。第一个真正与缪先生成为学术挚友的是吴宓，据年谱记载，是年"先生经友人李濂镗向吴宓转达了倾慕之义，并示以诗文"，"吴宓将其《吴宓诗集》副本寄先生"[2]，从此开启了长达五十年的学术交往。

1929年，"先生第一篇论文《诠诗》在《学衡》第69期发表"。稍

---

① 缪元朗：《缪钺先生编年事辑》，第162、163页。
② 缪元朗：《缪钺先生编年事辑》，第9、11、12页。

后，"先生赴北平，与吴宓初次相见，并在其'藤影荷声馆'小住数日，谈论甚为契合"。1933年，"先生赴北平，会晤吴宓，并由吴宓介绍认识郭斌龢"。1935年，"先生第一本专著《元遗山年谱汇纂》由郭斌龢介绍给《国风》半月刊，由钟山书局出版"。1938年，"经郭斌龢邀请，先生应聘浙江大学中文系"。① 从以上引文不难看出缪钺先生学术交游的一条主线，先是仰慕《学衡》，因此主动结交《学衡》主编吴宓，并通过吴宓介绍认识郭斌龢。论文发表、著作出版，乃至教职移位，都与这条交游主线紧密相关。

除章士钊、吴宓、郭斌龢之外，与缪钺先生往还论学的还有龙榆生、陈寅恪、刘永济、陈槃等，以文会友，切磋学问，互相增益，学术的道路遂越发宽大。等到缪钺先生巍然成为学术名家的时候，寻求交游的始发站开始旋转，七八十年代以降，不断有学术新锐主动联系缪先生，施议对、吴在庆、邓小军、胡可先……如今他们又成了学界翘楚，散发着吸引交游的学术馨香。

在遵义浙江大学任教八年，是缪钺先生学术的精进期，一生的学术事业由此奠基。当时浙江大学的同事竺可桢、梅光迪、马一浮、刘节、郭斌龢、薛声震、王驾吾、张荫麟、费巩、张其昀等与先生均有往还，其中尤以马一浮、刘节、郭斌龢往来密切。学术同道，齐聚一堂，无需转求，何乐如之！多年后先生在致谭其骧的信中回忆说："（《诗词散论》）书中诸文，皆在遵义浙大任教时所撰写，当时虽播迁

---

① 缪元朗：《缪钺先生编年事辑》，第15—16、21、25、34—35 页。

黔中，而学风朴实，生徒向学之殷，友朋切磋之乐，展卷回思，如温旧梦也。"① 这也是缪钺先生的学术高产期，《诗词散论》《杜牧之年谱》堪称是这一时期的代表作。

因为在中文系任教，讲授"诗选""词选""中国文学史"等课程，教学上的需要，加以兴之所至，逐渐培植起先生研究古典诗词的学术宗趣。对此他在致友人信中说："弟授'词选''唐宋诗''中国文学史'等课，课余亦偶有撰述"，"弟近年来教学相长，于此事弥谙甘苦"②。因此可以说，遵义浙大时期又是缪钺先生一生学术趣味的奠基期。

后来任教于华西协合大学中文系，稍后兼职于四川大学历史系，由于院系调整，先生遂专任四川大学历史系教职，阴差阳错，从此与古典文学的教育事业渐行渐远。但在学术旨趣上，缪钺先生并没有因此而掾转。这从他在1962年致郑天挺函中可以看出："弟平日读史，偶作札记，颇有涉及名物制度之考释者，惟尚未准备专为某一史书作注。年来承出版社之约，曾计划作诗词选注，数年前编写杜牧诗选注出版，近又补充修改一遍，以备再版；此后尚拟编写《元遗山诗词选注》。"③无意为史籍作注，诗词选注却念念不忘，反复致意，可以作为先生更醉心于文学研究的见证。不过，后来缪先生并未局限于此，继独注《三国志选》后，晚年又接受了《三国志选注》的任务，并率领弟子高质量地完成了这一著作。

---

① 缪元朗：《缪钺先生编年事辑》，第 319 页。
② 缪元朗：《缪钺先生编年事辑》，第 68 页。
③ 缪元朗：《缪钺先生编年事辑》，第 246 页。

历史系的教学与研究虽然并不能让先生自在地徜徉其中，但对注重文史互通的缪先生来说，担任起来毕竟游刃有余，也慢慢地在纯粹的史学领域焚膏继晷，积稿渐丰，并结集为《读史存稿》一书出版。然而细绎先生编年文章不难发现，他的学术兴趣仍在文学领域，尤其是在结识叶嘉莹之后，更一发而不可收，二人通力合作，共同撰写了六十余万字的《灵谿词说》及《续编》。

个人的著述事业可以不受专业所限，在文史领域不断穿梭，但在指导研究生撰写论文时却不得不遵从学科的分野，难以打破学科的壁垒。先生先后招收的硕士和博士，其论文大多都是纯历史学领域的课题，与文学关系不大。只有最后一届博士生景蜀慧的论文是例外。缪钺先生鉴于景蜀慧女弟在文学上的才思，不仅动议由叶嘉莹先生合作指导，而且商定论文题目为《魏晋诗人与政治》，横跨文学与历史之间。

文史会通是缪钺先生的治学法宝，他在《纪念民盟成立四十周年》文章中说："我总结以往治学之经验，窃不自揆，提出一种蕲向，主要有三点：一、论史结合，……二、古今结合，……三、文史结合。"其中"文史结合"就是"要用文学作品与历史资料互相参证，互相补充，发现问题，树立新义"。[①] 然而，文史隔阂也给先生带来了无法弥补的缺憾。据后人回忆说："先生晚年一再表露他希望招收指导中国古典文学方向博士生的心愿，但由于当今文史学科之隔，先生最终没有机会培养这方面的专门人才。如今回想，这恐怕不仅是先生个人的遗

---

① 缪元朗：《缪钺先生编年事辑》，第290—291页。

憾。"① 是啊，这何尝不是古典文学研究界的巨大遗憾呢？

1988年6月8日，缪钺先生为祝贺《文史杂志》创刊三周年，集班固《汉书·司马迁传赞》及江淹《恨赋》之句以为题词，"驰骋古今，跌宕文史"②。他似乎特别偏爱这一"发明"，此后在为《社会科学研究》《书品》及岳麓书社的题词中，一再使用，频频致意，或演为四句，或抽换"驰骋古今"一语，唯一不变的便是"跌宕文史"。我猜想，这大概包含了先生对自己学术人生的自况吧。跌宕于文史之间，文也精彩，史也精彩。

2016年12月14日初稿于石门

12月15日写定

---

① 缪元朗、景蜀慧：《缪钺先生七十年学术生涯述略》，《缪钺先生编年事辑》，第
482页。

② 缪元朗：《缪钺先生编年事辑》，第400页。

傅振伦

杂家是怎样炼成的？

——傅振伦的杂家气象与治学品格

先秦两汉时期的杂家是一个以博采各家之说见长的哲学学派，"兼儒墨，合名法"，《汉书·艺文志》将其尊奉为九流之一，后来相沿成例，古典目录学的著作无不将其列为子部的重要门类。引而伸之，又可以"指知识广博，对多种学科均有一定研究并能融会贯通的人才"（《辞海》）。曾几何时，"杂家"一词又带上了贬义的色彩，说一个人是杂家，等于是说此人没什么专业本事，"什么都知道一点，但什么都不精通"。

现代的学者无法自致博大，学问稍涉博杂，往往便不能专精，杂家词义色彩的转变，透露出的是当今精细学术背景下治学者的尴尬和无奈。往前追溯至民国，既博且精尚是学界普遍的学术追求，而这种博大精深的治学气象，在老一辈学者的身上仍有留存。只不过，不同学者表现出不同的面向，有的专精，有的博杂而已。我在读《杨向奎学述》时，就发现杨先生治学面极广，从经学到史学，从墨学到红学，从经济制度到社会思想，从人文学科到自然科学，直令人叹为观止。但很少有人将杨向奎先生定义为杂家，杨老也从不以杂家自居，大概专精尚是他更重要的面向吧。

位于暨南大学图书馆一楼的保存本书库，同是河北籍的两位学人，浙江人民出版社"当代人文社会科学名家学述"系列中的《杨向奎学述》与《傅振伦学述》插架在同一位置，比邻而居。傅振伦先生治学兴趣虽未延及自然科学，但在人文社会科学里，实在是纵横捭阖，无往而不适，他先后驰骋于三馆之学（图书馆、博物馆、档案馆）、方志学、考古学、陶瓷学、科技史等诸多领域，而这些领域本身就极为广泛，几可谓浩漫无边，而傅先生在每一领域都足以树立。读罢喟然而叹，人称杂家又复以杂家自许的傅振伦先生，可谓是真正意义上的现代"杂家"学者。

《傅振伦学述》开篇即宣称："我一生兴趣多端，杂而不专，及老百无一成。惟平生写作不辍，芜杂寡要。""兴趣多端""写作不辍"，反映出先生治学的精勤；"杂而不专""芜杂寡要"则是先生对治学特点的夫子自道，既是对实情的描绘，也透露出谦抑的心态；但"及老百无一成"的表述，则完全是"言不由衷"了。"杂""芜杂"固然体现为"一生的著作，不包括未发表的，其数量有400多种，约370万言。尝董理旧作，计有方志、史学、科技史、瓷器、考古、博物馆、图书馆等诸方面篇章"，但接下来所称的"一一细考其所为，似亦颇有可述者"，[1] 则表露出的又完全是一种游弋自得的欣喜之情了。

1929年8月17日，时局飘摇，风雨如磐，北平宣武门内的鸿春楼上，一批意气风发的青年学者，正自发组织成立一个新的文学社。因为社员大多来自北方的山东、河南和河北，其中尤以河北籍学者居多，当时号为"北学派"。时隔一个甲子之后，作为社员之一的傅振伦饶有

---

① 傅振伦著、陈怡整理：《傅振伦学述》，杭州：浙江人民出版社，1999年，第1页。

兴味地回忆起这件事，对那些曾经的挚友们如数家珍：

> 社员有王重民，目录学家兼敦煌学家，北平图书馆与法国巴黎国家图书馆交换馆员时，留法数年，游英、美、意、德等国，著作累累；孙楷第，小说史家，有《沧州集》；还有经学家刘盼遂，明清史家谢国桢，西夏文家王静如，甲骨文家孙海波等等。我乃杂家也。[①]

傅振伦将他回忆中的社员们各冠以某一专家的名号，王重民需要稍费笔墨，将其概括为"目录学家兼敦煌学家"。只有傅振伦本人无法以一两个名号概指，只好自称为"杂家"。一句"我乃杂家也"，既透示出调侃和揶揄的意味，又分明是充实而得意的顾盼姿态。

傅振伦治学的范围极广，他涉猎的各门学问，彼此之间似并无紧密关联，甚至可以说是乱如散钱。对此先生曾尝试用"爱国史家"一线贯穿：

> 总的来说，我的兴趣虽广，人称杂家，但却有一个基本不变的治学基调，那就是爱国史家。可以说，无论我研究什么问题，出发点都是本着爱国主义。……事实上，我的兴趣表面上看很广，其实还是围绕着史学这个中心。方志是一方之史，科技史乃是一

[①]《傅振伦学述》，第17页。

部分之史，三馆和文物考古、整理古籍文献都是为史料作准备，因为文献有记录之文献和实物之文献之分，这些都是史学的重要史料来源。①

但"爱国史家"不过是杂家变换了一种说法而已。不必细究傅先生所从事的三馆之学、方志学、陶瓷学等是否都能笼括在史学的范围之内，即使不能笼括在内，史学本身也是包容极广的。在某种意义上史家与杂家同，而爱国不过是那一时代绝大多数学人的共同基调罢了。散钱是串起来了，但并不历历如贯。我认为反倒不如先生反复自称的"杂家"来得更妥帖，更直截了当。那么，我想追问的是，"杂家"傅振伦究竟是怎样炼成的？

首先，杂家的养成应与工作经历密切相关。1934年7月，傅振伦到故宫博物院工作；1946年10月，应沈阳东北中正大学之聘，任图书馆馆长兼历史系主任；1949年4月，派往中国历史博物馆，担任编目工作，后主持保管业务。先后任职图书馆、博物馆的经历，对傅先生从事三馆之学的研究显然是有直接推动作用的。另外，傅先生对考古学的研究应得益于1929年冬随马衡先生赴河北易县调查燕下都、1951年任职历史博物馆期间兼任文物调查研究组主任发掘东郊北郊汉墓等经历。对陶瓷研究的兴趣则可以追溯至1935年被马衡院长派往伦敦参加中国艺术国际展览会工作时的所见所闻。

---

① 《傅振伦学述》，第145—146页。

其次，杂家的养成还与转益多师有深层的联系。傅振伦在回忆自己的治学经历时特别讲到："我编了新中国第一部瓷器的书，这本书还是受马衡先生推荐写的。《博物馆学概论》也是新中国第一部。由于郑振铎的建议，我还写了第一篇中国学习苏联博物馆的文章。我在国内研究档案也是居先，是顾颉刚推荐我为贵州成义茅台酒董家文通书局写的《公文档案管理法》。"①马衡、郑振铎、顾颉刚无疑都是傅振伦的引路人，是善识千里马的伯乐，可引路人多了，便可能多歧路；伯乐多了，千里马也可能无所适从。在傅先生的前半生中，这样的引路人和伯乐至少还有"指导我研究唐人刘知几《史通》，还诱导我研究方志学"的朱希祖，以及"嘱撰《故宫方志书目提要》"并"推荐我和孙楷第、王重民兼（河北通志馆）特约编辑"的袁同礼等。傅振伦治学勤奋，功底深厚，下笔也快，所以能很好地应对这些殷切的提携和临时的邀约，而这种提携和邀约的纷繁往复，恰恰正是傅振伦成为杂家的助推剂。

再次，杂家的养成还根源于学者的治学方法和理路。年逾古稀的傅振伦在自传的最后，附录了一份"著作目录"，只有寥寥十二种，显然是从"400多种，370万言"中精选出来的代表作。其中世界语研究著作二种，《英汉双解世界语基本字典》《汉语世界语辞典》，都是辞书；方志学著作二种，《（河北）新河县志》《中国方志学通论》；刘知几研究著作二种，《刘知几之史学》《刘知几年谱》；史学著作二种，《中

---

① 《傅振伦学述》，第147页。

国史学概要》《中华民族抗日英雄传》；瓷器研究著作二种，《明代瓷器工艺》《中国伟大的发明——瓷器》(原名《中国陶瓷史略稿》)；档案学、博物馆学著作各一种，分别是《公文档案管理法》《博物馆学概论》。值得注意的是，这些著作有近半数属于概论性质，题目被冠以"概要""通论""概论"等字样。这也反映了傅振伦先生对治学路径的偏好，他喜欢拓荒性的研究，推出的往往是填补空白的作品，但因为相关学科问题尚处于起步阶段，因此多以入门性的介绍为主，而大多未能走向专精和深入。

最后，杂家的养成归根结底还在于性格的因素。好学、好奇、好强，无疑会推动一个人在学业或事业上的成功，但客观上也会带来贪多务博的结果。十六岁的傅振伦考入北大预科，"对于新的事物，无不感到稀奇，亦无不饶有兴趣"，他参与歌谣研究会、民俗学会、方言方音研究会的调查研究，参加射技会的练习和竞赛，还加入了寰球世界语协会，编辑了"第一部由汉语而查出世界语"的《汉语世界语辞典》。课外的活动积极参加，课内的学习也不落下，"我于必修课外，多习选修科，超过了百分学分。同学者有谓'贪多嚼不烂'，我却自以为得计，以为治学应在博的基础上再求专精"[①]。好奇于所有新知识和新学问，汲汲于尝试一切新事物，恨不得把整个图书馆的知识一口吞下，可以说，青年时代就已经奠定了傅振伦成就杂家的学术品格。

在现身说法、讲述治学方法时，傅振伦出示的是三字箴言。他首

---

① 《傅振伦学述》，第14页。

先强调博，"首先是要博，博是一个基础的问题，一定要使自己尽量多地掌握更多的知识"；然后是通，"博而不通是没有用的"，只有通，"知识才能真正成为你的知识，而你的学术才可能有真正的重要创见"。但博而能通，仍非止境，关键"还要精，要有针对性"。值得注意的是，讲到最后一点时，傅先生显露出一种自悔的心态：

> 我的大半生，由于各种原因，学的太广太杂。对历史、方志、史学史、目录学、档案学、博物馆学，对考古、文物、竹木简牍，对科技史、陶瓷史，甚至民俗歌谚、世界语、拳术等等，无一不爱好，无一不讲求。可是人的精力有限，研究范围太广了，必然"浅尝辄止"。……现在后悔也晚了，唯希望能成为后学者的教训。今天国家虽然需要有通才，要有杂家，但更重要的是专家。我们学习要广也要博，但最重要的是由博返约、由博转精。①

在此傅先生一口气列出了自己涉足的十四种不同的研究领域，"太广太杂"是名副其实的，虽然未必是当真后悔，如果学术历程重新来过，选择的恐怕还是相同的道路，但也确实反映了他对自己未能"由博返约"的遗憾。未能"由博返约"，实际上是"迷途未返"的结果，所以"迷"，其原因正是"太广太杂"的各门学问，新知识、新学问对傅振伦先生的诱惑力实在是太大了，难以抗拒。

---

① 《傅振伦学述》，第147页。

《世说新语·任诞》载："阮浑长成，风气韵度似父，亦欲作达。步兵曰：'仲容已预之，卿不得复尔！'"①放达的阮籍不允许儿子"作达"，杂家傅振伦也不建议后学做杂家，放达的人生不能复制，杂家的学术品格也是不能复制的。是啊，诸多学术大师环绕捧护的时代已经一去不返了，他那长期与文物和书籍"摸爬滚打"的工作经历、执着奋进而又求知若渴的学术品格，又有多少人能兼而有之呢？

2018年4月18日于花城

---

① 刘义庆撰、刘孝标注、余嘉锡笺疏：《世说新语笺疏》，上海：上海古籍出版社，1993年，第734页。

商鸿逵

商鸿逵先生的贤内助

一开始，我想写写商鸿逵早年的"弃文从史"。在北京大学他先是师从刘半农读文学，在曲庵先生染疾谢世后，他着手整理出版师徒合作完成的《赛金花本事》，并郑重地署上老师的名字，然后改投孟森先生门下，开始了明清史研究的道路。由文学中途改习史学的前有顾颉刚和金毓黻，后有我正在翻阅档案、准备为之撰写年谱的胡如雷先生，商鸿逵的"弃文从史"并非特例。

后来，我觉得可以写商鸿逵的"诗书传家"。他的长子商传供职于中国社科院，以研究明史鸣世，尤精通永乐一朝的历史；次子商全任教于北大，曾发表系列研究清史的论文。二人分别研究明、清史，合起来正是乃父的学术疆域。可在史学界，子承父业的似不在少数，如邓小南之于邓广铭，郑克晟之于郑天挺，还有胡如雷先生的哲嗣胡宝华、胡宝国，俱可谓克绍箕裘。

再后来，我准备写商鸿逵先生的"劫后余生"。他恨不得抓住每分每秒，补回因十年浩劫而虚掷的光阴，"在他的案头上，一端是《康熙传》手稿，待定；一端是厚厚的《清会要》资料，在编"①，先后发表大量的明清史研究论文，还矢志于整理孟森先生遗著。可历经劫难的学者哪个不是甘作俯首荒田、深翻细作、"不待扬鞭自奋蹄"的老牛呢？

现在，我想写写商鸿逵先生的夫人。虽然这也不是个案，千万万

---

① 徐凯：《商鸿逵先生学术传略》，《文献》，1985年第1期。

中国学者的背后，有几个不得凭借贤内助的支持？但在历史的风尘中，她们的身影往往是模糊的，总被掩盖在学者丈夫们伟岸的身躯之后。而这一次是个例外，因为几位邻里友人和哲嗣的回忆文字，商夫人的形象变得清晰起来。商传在《父亲与家》一文中曾回忆说：

> 记得父母生前忆起这一段事情时，母亲经常会对父亲说：你那时尽可不必顾家，只管去追随你的主张和事业，我们不会被绑去填大炮的。[①]

"这一段事情"指的是日军攻陷北平后商鸿逵的去留，父亲没有像很多同仁那样转移后方，曾让年轻的商传颇感困惑。后来他因"为了家庭""为家人做出牺牲"而稍得纾解。不过仍认为鼓励父亲"追随自己的主张和事业"是出于母亲"一时的气话"，恐未必尽然。如果商鸿逵以"我之去留"全系于家庭，甚至认为此后命运多蹇是因为家人拖累，可能会引起夫人的反感和应激，但考虑到当时商先生供职的中法大学并未南迁，他的老师孟森先生仍坚守在北平，更何况沦陷区的人们一样享有教育的自由，维系文化精神于不坠正是留守者的文化使命，则

[①] 商传：《父亲与家》，刊于《清史论丛 2007 年号：商鸿逵先生百年诞辰纪念专集》，北京：中国广播电视出版社，2007 年，第 10 页。后来在新浪和网易博客上连载时，改题为《我的父亲》，四个小节分别加上了标题：《刘半农的学生，陈毅的同学》《不能追随蒋介石》《宿白保全了我父亲》《文革浮沉》。商传发表有关父亲商鸿逵的文章，还有《学者之路：商鸿逵教授传略》(《社会科学战线》1985 年第 2 期)及《商鸿逵教授学术二三事》(《文史知识》1994 年第 5 期)等。其中前文发表时署名为"习之"，盖为商传先生笔名。

商鸿逵决定留下来的原因应绝非只是为了一己之小家。

由此来看，商夫人的潜台词或许是，夫君尽管去投身理想和事业，至于我们的家庭，完全可以交给我来承担。"绑去填大炮"不只是指日军的炮火，也可能寓含了发生在各个生命周期的磨难。因为曾有加入国民党，担任"北平国民党市党部宣传组长"的经历，使得商鸿逵在历次运动的风潮中首当其冲：

> 带着国民党历史身份的父亲在享受了新中国建国之初的统战待遇后，很快成了一名"老运动员"：首先是忠诚老实运动中，他受到管制处理；然后是院系调整，转到北京大学降为副教授；知识分子分左中右排队时，他被内定为右，直到反右运动。[①]

遭受这些运动冲击的，除了商鸿逵先生本人，还有他那风雨飘摇的小家。职称遭贬，待遇频降，甚至连住房也没有，不得不与别人合住，后来甚至被迫搬迁到全斋的筒子楼。好在批斗和管制多是临时的，光景不长，商先生还能与家庭相守，患难与共，相濡以沫。但"文革"风雷乍起，商先生被关进牛棚，很快又被下放到江西鲤鱼洲五七干校，家庭未破而已碎，夫离子散，商夫人不得不靠自己去面对生活的磨难了。

经济拮据，处境艰难，已经远远超乎常人的想象。据耿曾引回忆

---

① 商传：《父亲与家》，《清史论丛 2007 年号：商鸿逵先生百年诞辰纪念专集》，第 11 页。

说："红卫兵按其家庭人口，每月发给每人大约是16元人民币的生活费。"① 田余庆先生的说法稍有不同："商先生情况特殊，工资比同龄教师低。他一人工资所得，除一家五口家用外，还有他们夫妇两家亲属需要赡养。"② 以上可能分别是商鸿逵一家在六十年代不同时期的收入状况。无论是以一人低廉工资维系全家，还是按人口发放微薄生活费，都会拖累生活于正常水准之下。然而商鸿逵夫妇并未向命运低头，而是苦心经营，在艰难生活中维持着生命的高贵和尊严。对此，身为邻居的田余庆先生观察到：

> 鸿逵先生对清苦生活能怡然自得而少有戚容，很大程度上是商夫人的辛苦照料、勤俭持家的结果。鸿逵先生似乎从来不理家务，紧日子全靠夫人对付，而夫人操持井然有序。为了鸿逵先生和子女的生活，商夫人付出了许多心血，但是却很少听她诉说这种艰辛。③

商夫人的勤俭持家和精打细算一定是被磨练出来的，是生活逼迫下的结果，但也不是所有女性都能欣然接受生活的磨砺，并生长出笑对生活的坚强和智慧。说起商鸿逵先生的不理家务，商传在《父亲与

---

① 耿曾引：《魅力：记商鸿逵、邓广铭先生二三事》，载王春梅等主编《那时我们正年轻》，北京：现代教育出版社，2007年，第50页。
② 田余庆：《清淳勤勉老书生——商鸿逵先生十周年祭》，载《师友杂忆》，北京：海豚出版社，2014年，第76页。
③ 田余庆：《清淳勤勉老书生——商鸿逵先生十周年祭》，载《师友杂忆》，第77页。

家》中还提供了一个细节：

> 父亲去世的前几天，刘半农先生之子从徐州来看他，父亲格外高兴，想在家中招待客人，并且亲自去烧火锅，但他笨手笨脚，总是点不燃，只好陪客人出去了。①

那时陪伴在商先生身边，给儿女们绘声绘色讲述商先生是如何"笨手笨脚"、总也点不燃火锅的应该就是商夫人吧，可她为什么不帮忙呢？或许是出于一次童心的狡黠，抑或是趁机打一次牙祭？

商夫人在儿女们都"成长起来"后，仍不肯闲下来，又帮着照料小外孙女。她不仅做好自己的分内之事，而且乐善好施，常常周济别人。耿曾引的儿子马小吾是商家的常客，"父母晚上开会，孩子一人时，商家就成了孩子的庇护所"②。孟森先生的遗孀生活困难，身为弟子的商鸿逵长年从捉襟见肘的生活费中挤出五元钱接济孟师母，商夫人对此不仅毫无怨言，而且往往替商先生出面接待来访的师母。耿曾引亲眼目睹那位"知文达理"的老妇人前来做客，商夫人殷勤地叮咛她不要再跑，让商铨将生活费送去的场景。

当时的耿曾引还在北京历史博物馆工作，她们一家三口接受"历

---

① 商传：《父亲与家》，《清史论丛 2007 年号：商鸿逵先生百年诞辰纪念专集》，第 13 页。
② 耿曾引：《魅力：记商鸿逵、邓广铭先生二三事》，王春梅等主编《那时我们正年轻》，第 50 页。

史系革委会"房改小组的安排，搬进了中关村二公寓222号住宅，从此成了与商鸿逵先生一家共用厨房和厕所的"近邻"，有了近距离接触商家的机会。正像商传在《父亲与家》中说的："起初家里搬来一户年轻教师，两家人合住在一个单元里，生活虽不甚方便，但父亲为人谦和，两家人相处得颇为融洽。"①其实相处融洽的原因更多不在于"父亲为人谦和"，而在于商夫人朴实厚道的为人。与邻里相处，女主人才是最重要的当事人。

在耿曾引怀念商鸿逵的文章里，她花了更多的篇幅回忆商夫人，在特别点出商夫人名王文珍之后，特别加了一个括弧，说明中关园"二、三号公寓不论老少，一律称她商妈妈，口碑极好"②。对此，住在同一栋楼不同单元的田余庆先生也是见证者。他在事隔多年之后，仍然常常和妻子说起这类琐事，"感谢无私帮助我们的好大姐"：

　　我家与先生一家过从甚密，多在生活的照顾上，说起来琐碎，但情谊难忘。迁校那年，我家刚有了婴孩，一时保姆难找。妻子兼任系秘书工作，整天不是泡在会议之中，就是颠颠跑跑，难得顾家。我自己暂时还在城里，只有周末回来。妻子事忙，有时只好把婴孩绑在童车上，请隔壁的商夫人随时来照看一下。从此商

----

① 商传：《父亲与家》，《清史治丛 2007 年号：商鸿逵先生百年诞辰纪念专集》，第 12 页。
② 耿曾引：《魅力：记商鸿逵、邓广铭先生二三事》，王春梅等主编《那时我们正年轻》，第 49 页。

夫人就成了我家的"育婴顾问",后来,孩子们也都把商夫人称为商妈妈。其实商夫人不只是顾问而已,凡是我们不会做的家事,她都代劳,或者把着手教。我们来北京虽已多年,但是从集体宿舍生活改变成小家小户自起炉灶,却还是刚刚开始。我们不会生煤炉,不会烧饭做菜,不会量入为出精打细算过穷日子,特别是不会带孩子。这些都多亏了商夫人的指点和帮助。[1]

帮着照看邻家孩子,手把手教生煤炉,指点如何烧饭做菜,甚至还教会年轻夫妇如何精打细算过穷日子,商夫人无愧是有着极好口碑的"商妈妈",让今天习惯邻里关系淡漠的我们叹为观止。商妈妈对田余庆一家的照顾不止是起步阶段,后来步入"文革"时期,也不时予以周济和关怀。"反右"运动中,商家自顾不暇,仍收留田余庆上学的孩子在家"寄食",才让被划为右派、妻子又下放农村的田余庆渡过这"身心交瘁"的难关。

说起来,商夫人或许只是一位平凡的中国女性,在每一个男性学者成功的背后,可能都有这样一位默默付出的贤内助。她们往往被淹没在历史的风尘中,她们的丈夫——那些学者们的高大恰恰反衬了她们的"弱小",她们的名字被埋没,化成了学术著作的后记里一带而过的"内子"。而这一位能干又热心的"商妈妈",终于在几位邻里友朋的回忆文字中,走到了历史的前台,饱经沧桑却又风华绝代。

据说,商鸿逵因突发脑溢血从二楼楼梯跌下去世,一时"给家人

---

[1] 田余庆:《清淳勤勉老书生——商鸿逵先生十周年祭》,《师友杂忆》,第75—76页。

留下难以接受的悲痛"，以至于"母亲坚持搬出了那处令她伤心的房子"①，但这一定不是商先生所衷心希望的。在田余庆先生的叙述中，"差堪安慰的是，鸿逵先生子女立业，各有所专，夫人晚年生活安恬平适，天伦娱老"②。生者的福祉，才是对逝者最大的安慰。

2018年2月27日于花城

---

① 商传：《父亲与家》，《清史论丛 2007 年号：商鸿逵先生百年诞辰纪念专集》，第 14 页。
② 田余庆：《清淳勤勉老书生——商鸿逵先生十周年祭》，《师友杂忆》，第 78 页。

杨向奎

"愚钝如椎"与"古鲁典雅"

——杨向奎的学术进程与心性修炼

晚年杨向奎在自述生平时，对个人在学术上的天资持谦抑的态度，一再自称"愚钝如椎""鲁钝尤甚于椎"[①]。寻思再三，我觉得这应非一时欲扬先抑的虚伪作态，也不尽是繁华落尽的沧桑之感，而是渊源有自地贯穿于先生一生的认识当中。概括来说，在杨向奎先生学术人生的征途上，上至师长，下至同侪，曾涌现出一批天资聪颖、超绝伦辈的天才学者，既让人自惭形秽、思慕难及，又让人欲奋起而直追。

在北京大学求学期间，最令青年杨向奎心动不已的学者当推胡适、傅斯年和顾颉刚。他曾向自己最为亲近的顾颉刚请教，看看先生是如何评价胡适和傅斯年的。"我曾问过顾先生：'您对胡先生那样佩服，这人到底怎样？'顾答：'绝顶聪明。'其实，顾先生也可说是个天才。我说：'那么，傅先生呢？'顾答：'也是绝顶聪明。'"[②] 这实在是很有意思的一番对话。学术方法可以传授，勤奋治学也可以效仿，可"绝顶聪明"怎么才能学到呢？

顾颉刚对胡适、傅斯年的天赋予以极高的评价，而在他的弟子们看来，顾又何尝不是"绝顶聪明"呢？抗战期间，身为弟子的杨向奎来到四川，在顾颉刚的指导下考证李冰和二郎神的故事，这一关涉民

---

① 杨向奎述、李尚英整理：《杨向奎学述》，杭州：浙江人民出版社，2000 年，前言第 1 页，正文第 1 页。

② 杨向奎：《五四时代的胡适、傅斯年、顾颉刚三位先生》，《文史哲》，1989 年第 3 期。

俗学的选题本来是顾颉刚最擅长的领域，只是苦于没有时间，才转由弟子来完成。杨向奎完稿后，情不自禁地在自序中比较与老师之间的差距："他来做，一定有石破天惊的成绩的，我便不行了"，"李冰二郎不幸，没有得着顾先生的传记而走到我这笨拙的手里！"[①]

在同辈当中，也不乏让杨向奎深自佩服的青年学者，如与他一同创办潜社的孙以悌。回忆起来，杨向奎惊叹这样一位曾近在身边的"天才学者"，不仅在于他的"成绩全班最好，几门课都是一百分"，"数学、外语的水平，在本系也是头等"，也不仅在于他多才多艺，"习魏碑"又"善弈"，关键还在于他的渊博学识以及学术志业，"以悌是一位天才，活下来，他会成为国学大师，或者是科学大师"。[②] 这是肯定的，然而让人叹惋不已的是，这样的天才最终却蹈海自杀了。

在青年杨向奎的身畔，还有一位英年早逝的天才学者。孙以悌来自江南的无锡，杨向奎也许会自感天分和才华尚有南北之别，而这位来自河北丰润的同乡李荫亭，更让他有一种虽犹不甘却又满怀钦佩的瑜亮情结。"我和他是小同乡，自从初中以至大学全是同学，又同年级，所以知道他的身世最详细。"虽然如此相熟，对于天才的评价，仍不妨引用与李荫亭先曾交好后又相忤的张怡荪先生的言论："聪明，天才，脑筋真清楚。无论在佛学上，在藏文上，新进的少年要数他了，岂特新进的少年，老辈的先生有几个如他！"[③] 可甫过而立，李荫亭就因肺痨

---

① 杨向奎：《〈李冰与二郎神〉自序》，《责善半月刊》，1941 年第 1 卷第 19 期。
② 杨向奎：《东望渤澥，云海茫茫——怀念孙以悌先生》，《文史哲》，1997 年第 5 期。
③ 杨向奎：《语文学者李荫亭》，《责善半月刊》，1941 年第 1 卷第 24 期。

而死，这不是天妒英才又是什么？

即使厕身于群星璀璨的天才群体中，杨向奎也从来没有自认为是天才。他总是强调自己的平庸和笨拙，"我们是乡下学生，乡下学生全是呆头呆脑地咬死理"。李荫亭是拔出众流的，靠自学便能理解文法图解的他，先教给先生，然后再由先生教给其他学生。[①]而杨向奎自己呢？却只是"呆头呆脑"的乡下学生群像中的一个。

虽然呆头呆脑，通过勤苦和努力，成绩也名列前茅，却又因为祖父的歧视，考上了中学的他不得不辍学，差一点随表弟到天津的庙里当了和尚。当祖父去世时，杨向奎心里异常难过，让他负气的心结是："你多活几年多好，一定能看到我读书有所成就；我不是一个无端浪费钱财的人，你花几个钱供我读书是不会赔本的，我会为你争光的。"[②]少年时代的贫寒和窘迫，可能是他自惭为"愚钝如椎"的心理背景，也是他奋进力量的不竭源泉。

毕竟像胡适、傅斯年、孙以悌、李荫亭这样"绝顶聪明"的天才只是少数，一般的学者大都是中人之姿，成才的关键不在于是否聪明，而主要在于付出多少辛苦和努力。在接受青年学者的访问时，杨向奎直言不讳地说："一个人，有从小就比较聪明的，也有从小就不那么聪明的。我对于聪明不聪明看得不那么重，我总是看一个人肯不肯努力。一个人肯努力，从青年到老年都那么肯努力，肯定会有成就的。从小

---

① 杨向奎：《语文学者李荫亭》，《责善半月刊》，1941 年第 1 卷第 24 期。
②《杨向奎学述》，第 4 页。

有一点小聪明的人，但不肯努力，那是没有前途的。"[1] 杨向奎本人可能是"从小就比较聪明的"，但更可能是"从小就不那么聪明的"，但既然"对于聪明不聪明看得不那么重"，又何必还一再地宣称"愚钝如椎"呢？

追溯"愚钝如椎"的典故出处，我们发现所谓的"愚钝"不仅不指愚笨、迟钝，而且实在并不关乎聪明与否。《金楼子·捷对》称：

> 祖士言与钟雅相调，祖语钟曰："汝颍川之士利如锥。"钟答曰："卿燕代之人钝如槌。"祖曰："以我钝槌，打汝利锥。"钟曰："吾有神锥，不可得打。"祖曰："既有神锥，亦有神槌。"[2]

这位被钟雅反唇相讥为"钝如槌"的祖纳是范阳人，属于"燕代"的范围之内，而颍川人钟雅则被祖纳调侃为恰成对照的"利如锥"，最后论争的结果是"钝如槌"的祖纳获胜，在言辞的机锋上，竟然是"钝槌"击败了"利锥"。我们甚至可以把它看成是一则关于政治的隐喻，后来东晋虽迭经宋齐梁陈的蕃衍，最后却归并于北方的周、隋政权。

据杨向奎先生的自述，他的"钝如椎"一词并非引自《金楼子》，也不是更早的《语林》，或者王隐的《晋书》，而是出自章太炎：

> 我是河北丰润人，丰润地处北鄙，章太炎所谓燕赵之人，其

---

[1] 瞿林东：《杨向奎先生访问记》，《史学史研究》1984 年第 2 期。
[2] 萧绎撰，许逸民校笺：《金楼子校笺》，北京：中华书局，2011 年，第 1119 页。

> 钝如椎者是其地，余鲁钝尤甚于椎，读书不如人，是以人一之己十之，努力不已，得以大学毕业。①

搜检太炎先生的著作，并未见"燕赵之人钝如椎"的记载，仅见汪荣祖在论述章太炎对颜元的评价时说："他注意到颜元对宋明理学的反动，强调德、行、艺，以实践实用之学，如兵农钱谷之类，来替代无用的读书与静坐，认为颇有'燕赵之士钝如椎'的北方学者风格，可称大儒，然而并不赞同颜元的矫枉过正之论。"②据此寻按，章太炎此论应出自《訄书·颜学》或《检论·正颜》，然而经查仅见《訄书·颜学》有"自荀卿而后，颜氏则可谓大儒矣"之评断。不过，既然归之以对河北籍古代学者荀子、颜元等大儒的评价，所谓"钝如椎"的说法在章太炎笔下不是贬论，应是肯定的。

既然无关乎聪明与否，则杨向奎"愚钝如椎"的自我评价应非指向智力的笨拙，而毋宁说是性格的戆直。这种性格若如荀子、颜元等人一样"钝椎"，实在是势大力沉、所向披靡的，杨向奎在引及此语时，是否也有这样的自况呢？《杨向奎学述》主要讲述学术发展的进程，较少指向生平和性格，但从这有关生平性格的片言只语中，仍可见先生耿直的性情。具有代表性的是以下两件事：

一是抗战后离京赴鲁。抗战结束后，傅斯年任北京大学代理校长，

---

① 《杨向奎学述》，第1页。
② 汪荣祖：《章太炎与现代史学》，《史学九章》，北京：生活·读书·新知三联书店，2006年，第143页。

本有意留杨向奎在北大任教，然而并不主动做出安排；胡适也惋惜于杨向奎的离开，却也未执意挽留。傅斯年和胡适的态度固然值得玩味，而同时杨向奎的言出为鼎、绝不乞怜也是极可注意的。时隔五十年后，他仍耿耿于怀："他想让我留在北大，但他却不说这句话，非要我说出口，可我怎么能自己说要留在北大呢？""既然你们要留我，为什么不当面告诉我呢？"[1] 在今天的我们看来，主动谋求自己学术的更好发展，留在全国最顶级的高等学府，这有什么不好说出口的呢？但杨向奎先生却坚执不愿说出，实在是他戆直性格的鲜明体现。

二是拒绝修订再版。《中国古代社会与古代思想研究》在上海人民出版社出版后，一时洛阳纸贵，获得高度评价。然而在"文革"风暴之中，"这部书在社会上的评价也来了一个一百八十度的大转弯，被一些人斥为'为封、资、修张目的坏书''一棵大毒草'"。在"文革"结束后，上海人民出版社来信希望重版此书，却遭到了杨向奎的拒绝："既然它是一部坏书，现在还出版它作什么？"[2] 杨向奎当然不是向出版社使气，出版社实在是无辜的，先生是在向使斯文扫地的"文化大革命"使气！这不仅是"文革""给我带来的消极因素"，同时也是先生戆直迂阔性格的再次展现。

说起"文革"中的"斯文扫地"，最让杨向奎先生无法释怀的，是他和尹达、张政烺等先生并排接受批判时，"和我在同一个研究室工作的青年同志从人群中站出来"，手拿发言稿走上讲台，不料他没有直

---

[1]《杨向奎学述》，第 52 页。
[2]《杨向奎学述》，第 74 页。

接走向讲台，而是走到诸位先生的身后，"用手拍打了每个人后脑勺一下，打得虽然不疼，但在我心里造成了极大的创伤，几十年中难以忘怀"。① 但苦难当中也会迸发出一些人性的光辉，让人温暖和感动。"王毓铨教授每次看到我时都亲切地称我'拱辰'！我当时心中既感到温暖，又感到苦涩：'我都这个处境了，你还叫我拱辰。'时至今日，每当提及此事，我内心中总是对王教授充满了感激之情。"② 文人学者之间往往以字相称，而不直接称名，这是对人的一种尊重。一句"拱辰"与一下击打，竟然在当事人的心中产生如此巨大的心理悬隔，怎能不让人对文化的传承或倾堕心怀怵惕！

　　失之东隅却收之桑榆，"文革"中的杨向奎并非毫无收获，因无线装书可看而转而攻读物理方面的书籍，就是他的桑榆之光。"我被剥夺了科学研究的权利，红卫兵不允许我看线装书，整天过着无聊的生活，我不甘心宝贵的光阴就这样白白地流逝着，于是就让我的老伴尚树芝到外文书店去购买最新出版的有关物理的书籍。"③ 从此一发而不可收，在贯通经学、史学、墨学和红学等人文学科之后，更在晚年孜孜不倦地探索物理学，力图发掘熵物理学的奥秘，还兼及量子力学、数学，实在堪称是二十世纪中国学术史的一大奇观。

　　在浙江人民出版社组织策划的这套《当代人文社会科学名家学述》中，按照要求和规格，书前例附有两帧学者影像，以及一幅由学者本

----

① 《杨向奎学述》，第 134 页。
② 《杨向奎学述》，第 135 页。
③ 《杨向奎学述》，第 135 页。

人题写的治学格言，杨向奎先生题写的只是四个大字"古鲁典雅"。这似乎是杨向奎先生戛戛独造的四字词汇，前此未见人使用。古鲁还是朴直的意思，与"鲁钝如椎"意思相仿，而典雅则是一个崭新的境界，与"古鲁"的野拙恰成互补之趣。"礼失而求诸野"，典雅失也要求之于古鲁。从"愚钝如椎"到"古鲁典雅"，不仅是杨向奎先生学术进程的形象反映，也是其心性磨炼的生动写照。

2018 年 4 月 13 日于花城

侯仁之

侯仁之：老师"好极了"

——读高明勇《北京城的守望者：侯仁之传》①

20世纪30年代初，经过司徒雷登校长十年苦心经营，燕京大学名师云集，声名大振，正求学于此的青年侯仁之可谓如鱼得水。他先后师从著名历史地理学家顾颉刚、洪业、邓之诚等，师生之间发生了很多扣人心弦的往还故事。尤让人心驰神往的是洪业"择校不如投师，投师要投名师"的迎头棒喝，以及在侯仁之求序时以长信称"文当无待于外序，实无益于书"的严词拒绝。

硕士阶段的第二任导师洪业，对侯仁之的影响不仅体现在治学方法的谆谆指导、求学旅程的大力推助，以及为人处世的殷勤开示上，而且表现在出处大节上的醍醐灌顶。抗战期间寓居天津的侯仁之，突闻两名燕大进步学子被日本宪兵秘密逮捕，严刑审讯之下，极有可能牵连到他曾护送学生奔赴解放区之事，形势极其危急，任人都会预感到大难当头。仅靠个人的定力和意念，侯仁之未能经受住这场生死的考验。多年后他回忆说：

> 想到这些，我十分焦急。经过再三考虑，我决定逃往成都。

---

① 高明勇：《北京城的守望者：侯仁之传》，南京：江苏人民出版社，2012年。
② 侯仁之：《燕京大学被封前后的片段回忆》，《日伪统治下的北平》，北京：北京出版社，1987年，第102页。

因为燕京大学已经在那里重新开办。我预购了一天夜里的火车票，准备经徐州转商丘南下。[2]

就在侯仁之决定逃难的前夕，夫人张玮瑛拦住了他，建议自己先前往北京听取老师洪业的意见。在张玮瑛赴京而未返津之时，侯仁之忧心忡忡，他反复使用"焦急"一词形容当时动辄得咎的心情：

> 这天吃过午饭之后，我等得十分焦急，在楼里坐不住了，就抱起我才一岁多的小女儿，跑到大门外的马路边上，踱来踱去，真是有些望眼欲穿了。[1]

到了傍晚，终于等到了张玮瑛，她带来了洪业老师的意见，仍是一记迎头棒喝：你不能走！如果你走了，不仅会连累别人，而且是不明不白的。"假如再次被捕，甚至被判正法刑，燕大人也会知道侯仁之是为什么而死的！"在洪业的坚持下，侯仁之镇定下来，不再选择逃避，而是坚守在沦陷区，与其他燕大同仁共患难。后来两位燕大学子坚贞不屈，始终未透露任何信息，最后被无罪释放，而侯仁之夫妇也化险为夷。

那一年，侯仁之甫过而立，洪业则将届知命。在死亡的威胁面前，年轻的侯仁之乱了方寸，不敢直面现实，甚至打算逃之夭夭，幸而有

---

① 侯仁之：《燕京大学被封前后的片段回忆》，《日伪统治下的北平》，第102页。

恩师洪业这位人生引路人的持重和忠告。此番忠告其实是冒了很大风险的——如果两位学子屈打成招，侯仁之难逃虎口。正因为其背后隐藏着巨大的风险，更使这一告诫正义凛凛，多年后仍能感受其生气。作为读者的我，关注更多的不是告诫本身的分量和价值，而是侯仁之在回忆往事时的立场和心态。

侯仁之没有掩饰自己的张皇失措，没有将自己装扮成大义凛然或者是神闲气定，而是还原了一个平凡的青年人形象，他可能因惧怕死亡而本能地躲避风险，又因想躲避风险而一时忘掉了肩负的社会责任。在侯仁之回忆往事时，洪业虽然还在世，却已远走美利坚，遥隔了千重海波。而话语权只能掌握在回忆者和执笔者的手中。作为为数不多的当事人之一，侯仁之在回忆此事时秉持了谦抑的心态，他自己的慌乱无措恰好反衬了洪业老师的镇静从容。

这份谦抑其实是侯仁之在晚年回忆人生时的通常心态，他总是强调自己是一个幸运的人，在人生的每个阶段都得遇良师，而我们感受到的，是一个知恩图报的人，从不居功于恩师之上，而是千方百计突出老师的"好"来。陈光中在采访侯仁之时就发现：

> 身为作者，我更关注的是"长跑"的过程：他在这漫长的路途上，都经历了些什么、想了些什么、做了些什么。但是，让我无奈而感动的，是每次认真的交谈，最后往往都变换了方向。在不知不觉间，话题就转到了他的那些老师身上："顾颉刚老师好极

了！洪业老师好极了！"这是他常说的话。[①]

访谈人想要引领谈话的方向，无意间却受到被访谈人左右。明明是想让他多谈自己的人生经历和心路旅程，他却总是兴趣盎然地谈及他的那些老师们。他把每一位恩师都纳入了自己的回忆，不仅在访谈时侃侃而谈，而且写下了一篇篇动人的文字：《燕园回忆录》《在燕园里成长》《怀念我的启蒙老师冰心》《师承小记——忆我师顾颉刚教授》《山高水长何处寻——追忆颉刚师二三事》《一次意外的收获——忆邓文如师》《谊在师友之间——怀念梁思成教授》等。

尤让人动容的是，他对于洪业的怀念，汩汩不已，一气写下了五篇文章：《在弘扬中华文化的道路上——怀念我师洪业教授》《在教书育人的道路上——再记我师洪业教授》《登高行卑，行远自迩——三记我师洪业教授》《从日寇监狱到人间炼狱——四记我师洪业教授》《忆洪业师——兼为"六君子歌"作注》。

侯仁之对这些恩师的感恩和怀念，不仅体现在口头和文字上，而且化为实际的行动。他对恩师的拜访和回馈在该书末附的《侯仁之年表》中随处可见，如1980年，他从加拿大应邀访问美国匹兹堡大学时，专程前往美国波士顿拜见洪业教授，"逗留数日畅叙阔别之情"；1984年，他携夫人张玮瑛在旅英期间拜访达比教授，达比教授是他求学利物浦大学时的导师，三人还留下了一张温馨的合影；1988年，他奉送

---

① 陈光中：《侯仁之·自序》，北京：生活·读书·新知三联书店，2005年，第3页。

刚出版的《北京历史地图集》给冰心，并写了一封长信，表达"隐藏了长达半个世纪的'饮水思源'之情"，深情地回忆了冰心的《超人》《我和北京》等文章给自己的深刻影响；1996年，他应邀赴美国加州，出席克莱尔门特·麦基纳学院召开的"燕京大学的经验和中国的高等教育"研讨会，宣读了"我从燕京大学来"的主题发言，会后专程为洪业老师夫妇扫墓，"以遂多年心愿"。

侯仁之与梁思成、林徽因夫妇的学术交往得缘于梁、林合写的《平郊建筑杂录》。当谈到"无论那一个巍峨的古城楼，或一角倾颓的殿基的灵魂里，无形中都在诉说，乃至于歌唱，时间上漫不可信的变迁"[①]，这段文字时，引起了侯仁之心灵上极大的共鸣，其时，他正本科就读于燕京大学，手不释卷，将文中的这句话一读再读，然而仅限于文字因缘，并无缘得识梁、林。中华人民共和国成立后，时为北京都市计划委员会副主任的梁思成，推荐侯仁之兼任计划委员会委员，并力邀他到清华大学建筑系讲授"市镇地理基础"。这门课程和兼任都市计划委员会的工作，成为侯仁之研究北京城市历史地理的新起点。他深情地回忆说：

> 饮水思源，除颉刚师外，我是更加受益于思成先生和徽音先生的。现在追忆往事，最感懊悔的是我未能在两位前辈健在的时候，亲自向他们诉说：在我青年时代，我是如何受到他们的感染

---

① 梁思成、林徽音：《平郊建筑杂录》，《中国营造学社汇刊》，1932年第3卷第4期。

和熏陶的。[1]

侯仁之的追悔从另一角度突显了一颗真纯的赤子之心，对引领自己人生道路的老师永志不忘。

类聚群分，薪火相传，记忆中的老师们，一个个都"好极了"，那是因为这位回忆往事的学生也"好极了"呀！"从燕京大学来"的侯仁之，很快也成了燕京大学历史系的教师，并一手创办了历史地理研究中心，终其一生居住和执教于燕园，桃李满蹊，教泽绵长，在他的学生们眼中，侯仁之老师不一样"好极了"吗？先生逝后，李平日、朱士光、朱祖希、于希贤、尹钧科、唐晓峰等侯门弟子，纷纷写下了深情的回忆文字，谭其骧的弟子邹逸麟、葛剑雄等人也纷纷撰写缅怀文章，对侯仁之生前的教导娓娓道来。

著名郦学大家陈桥驿先生在应邀撰文回忆时，径题为《永记导师侯仁之先生的教导》，其中特别写到前辈学者对称呼一丝不苟的态度：

> 我国历史地理学界的元老是顾颉刚先生。他的三位高足，谭其骧先生、侯仁之先生、史念海先生，都是我经常受教的前辈。……谭、侯二位都出身燕京大学，但南方人读书早，所以谭先生班级高，顾先生在工作忙碌时，曾因对谭先生的赏识，请他代过"中国沿革地理"的执教。当时史先生就读于辅仁大学，此

---

[1] 侯仁之：《谊在师友之间——怀念梁思成教授》，《侯仁之燕园问学集》，上海：上海出版社，1991年，第40页。

校也是顾先生执教的，所以史先生也听过谭先生的课程。虽然都属于代课性质，为时不长。但以后直到这三位老迈，侯与史对谭的称呼，在任何场合，都称"谭先生"，而谭称侯为"仁之"，称史为"筱苏"（史先生号），这样的称呼，从来是一丝不苟的。我也是在稍后获知了其间缘由，这就是老一辈学者处世为人的准则，虽然都是年齿相仿的学者，但在彼此的称呼上，却从来是在任何场合中执着不变的。这种在称呼上的态度，其实也就是当时他们为学，亦即做学问的态度。[①]

陈桥驿虽然较这几位先生年轻一旬，但并无师生之缘。他敬称侯仁之先生为"导师"，实在也是感怀侯先生的提携指导，尤其是在身体力行这种一丝不苟的称呼和为学准则上的指导。

2018年2月11日于沙河

---

① 陈桥驿：《永记导师侯仁之先生的教导》，《中国历史地理论丛》，2014年第29卷第1辑。

王树民

王树民先生二三事

——读秦进才《王树民先生的人生历程与学术贡献》及其他①

一

1999年秋，我在四川大学保送读研时，阴差阳错地被分到古典文献学专业，从此在罗国威老师的指引下，走上了古籍整理的道路。耳濡目染之下，开始对从事古籍整理的前辈学者也能如数家珍，有些学者是声名卓著的，这其中就包括王树民。可惜我只买到了新近出版的《国语集解》，对同宿舍的书友张起季从旧书店淘来的《廿二史劄记校证》《通志二十略》艳羡不已。

不过那时的我们，都没有多少古籍作品的鉴别能力，主要就是高看和珍视中华书局这一品牌而已。至于王树民是何许人物，我不知道，起季兄可能也不知道。思忖能在中华书局出这么多书，一定是个厉害角色——京城某985高校的领军学者，或者某国字头科研单位的大牛吧。直到我博士毕业来到河北师大，才恍然于王树民原来就是河北师大历史系刚过世不久的一位老先生，而且还是天津人，正是起季兄的乡先贤。不知天高地厚的我，颇为能与王树民先生供职于同一家单位

---

① 秦进才：《王树民先生的人生历程与学术贡献》，《邯郸学院学报》，2006年第2期。

而沾沾自喜。

吾生也晚，当然无缘得见王树民先生，却与曾亲炙先生的杨寄林老师有过很多交集，但不知为什么，我从未听杨老师讲起过王先生。后来开始编《河北近现代学者年谱辑要》，为了钓弋不经见的历史材料，我只身来到学校档案馆，递交了几份档案查阅的申请。很快，张恒寿、胡如雷、萧望卿等先生的档案册都被搬了出来，唯独王树民的档案查不到，负责档案管理的工作人员信誓旦旦地告诉我：没有这个名字。这让我大感诧异。秦进才先生撰写的《王树民先生的人生历程与学术贡献》明明使用了他的人事档案啊！

更让人觉得奇怪的是，在王树民先生逝世后，河北师大历史系好像没有举行追悼会，也没有任何纪念文集出版，与张恒寿先生逝后的备享哀荣迥然不同。《王树民先生的人生历程与学术贡献》一文仿佛成了死胡同，任我使出浑身解数，也找不到超逸其外的生平资料，无法超越这座矗立面前的大山。

于是我致电刚退休不久的杨寄林老师，询问王树民先生的身后事，尤其是关切地问到王树民先生的藏书、书信、日记的存留情况。杨老师在电话的那头三缄其口，只是隐约谈到先生后人与弟子们没有建立信任关系，不愿意将遗物交给弟子来整理云云。后来秦进才先生同意为撰《王树民先生年谱》，让我大感振奋。虽然直到现在为止，半年倏忽而逝，秦先生还没有赐稿，但我仍对他感念不尽，因为我压根儿看不到王树民先生的档案，也无书信、日记可凭，仅以已经公布的材料，无论如何也无法写出内容充实的年谱来。

在我阅读《张恒寿先生纪念文集》时，读到王树民先生的两处文字，是八十五寿辰贺词"恒如日月春光满，寿比嵩高浩气存"，和挽联"故友无缘，临别难得一面；庄生有幸，遗说赖以阐明"①。还在《河北师院学报》上读到了王树民先生关于《张恒寿先生纪念文集》的笔谈，其中讲到一则二人间的交往趣事，颇堪玩味：

> 暇时我们常作象戏，他多被我将死。有一次他忽然要和我比翻跟斗，他很麻利地翻过去了，使我甘拜下风。看来少年时必有锻炼，平时虽为恂恂儒子，其身体在早年是经过锻炼的。②

这则逸事如果置于魏晋时期，一定会被采入《世说新语》。其中心人物自然是张恒寿，他不肯服输的劲头和比翻跟斗的童心活灵活现，但叙述者王树民先生的老成持重也凸显出来了。

我多么希望能在有限的材料中，多读到几则像这样生动有趣的文字啊！可王树民先生自述的文字很少，通观他的文集，仅《怀念顾颉刚先生》《励耘书屋门外问学记》《我与中华书局的奇缘》等寥寥几篇，而且多是述他人事，较少涉及自己的生活。仅在《和青年同志谈一谈治学之道与术》中有一则，是关于先生在大学期间读书的逸事：

---

① 王俊才、秦进才编：《张恒寿先生纪念文集》，石家庄：河北教育出版社，1993年，第410页，第417页。
② 《哲人虽逝，令誉永存——四教授笔谈〈张恒寿先生纪念文集〉》，《河北师院学报》，1995年第1期。

为了白天不受干扰，我想了一个办法，将房门倒锁上，来人看见门上挂着锁，不待敲门就回转了。甚至吃饭也力求简化，在食堂认定了一个菜，一盘木樨肉，一碟馒头，一碗稀粥，服务员见我一入座就送过来。每天如此，看书好像着了魔似的，结果身体支持不住了，长夜失眠，为此休学一年，并且因体弱影响了以后多年的工作。[①]

人在家里，反锁了门，让访客误以为主人不在家，以此来躲避不必要的应酬，节省时间来读书，其对读书的热情和勤奋煞是具体可感。顾颉刚在1958年给王树民写的证明材料中也说："王树民同志，是抗日战争前北京大学历史系的毕业生，我教过他。那时他非常用功，常常锁着房门在屋里读书，因此害了神经衰弱症。"[②]两处文字可互为佐证，相互映发。但这样活泼泼的材料真是太少了！

二

对于出版单位来说，作者和读者是双向的衣食父母。每家出版社，都应该联系一批优秀的作者队伍；编辑则致力于发掘高水平的学术著

---

① 王树民：《和青年同志谈一谈治学之道与术》，《文史知识》，1993 年第 12 期。
② 秦进才：《王树民先生的人生历程与学术贡献》，引先生人事档案材料。

作，与作者之间形成良好的互动关系。可是在20世纪80年代，正当学术迈入繁荣的初期，由于出版难，学术著作能否顺利出版，往往成为横亘在学者面前的首要难题。作为最高权威的中华书局，在海内外从事人文社科研究的学者心目中，是高耸入云的学术出版机构，有一种神秘感。

世纪之交，中华书局专组到四川大学访问，中文系领导无不对来宾竭尽仰慕之意。以朴学享誉学界的川大中文系，当时仅杨明照、项楚两先生在中华书局有大著出版。杨先生是《抱朴子外篇校笺》和《文心雕龙校注》，项先生则是《寒山诗注》。祝尚书先生的《宋人别集叙录》和罗国威先生的《日藏弘仁本文馆词林校证》在当时尚未问世。在很长的时间里，中华书局就像是出版界的《读书》杂志，拥有至高无上的地位，是古籍研究学者魂牵梦系之地。

2012年，为庆祝中华书局百年华诞，《书品》刊发了一批出自著名学者之手的感念文字，有对陆费逵、金灿然、徐调孚、宋云彬等昔日书局领军人物的评价，更多则是深情回忆从书局的读者变为作者的经历。来新夏、余恕诚、龚延明、郁贤皓、陈尚君、阎步克、孙昌武、荣新江……这些学术名家均与中华书局缔结了深厚的情缘，但他们在中华出版的著作大多内容精审而数量不多，往往不过一二种。

只有来新夏先生是例外，他先后在中华书局出版了十多种著作，如《目录学浅说》《古典目录学》《史记选》《三学集》《清人笔记随录》《近三百年人物年谱知见录》《书目答问汇补》等。来先生不无感慨地说："一个作者在一个出版机构能在三十年间出十多个版次的著述，也算是少见的。我不能不感谢中华书局领导的扶持，更感谢各位责编的难得友情和认真负责的精神。我的学术成长与中华书局是密不可分的。"①

但我知道王树民先生与中华书局的缘分，绝不逊色于来新夏先生。因为王树民殁于2004年，没来得及看到中华百年华诞，所以《书品》组稿中没有收入他的回忆文字。但早在十年前，王先生就撰写了《我与中华书局的奇缘》一文，刊于《光明日报》上。读罢此文，我甚至认为王树民先生与中华书局的缘分比来新夏先生还要深厚，确实足以称得上"奇缘"。

来新夏固然在中华书局出版了大量著作，却还有近三分之二的著作在不同的单位出版，如商务印书馆、上海人民出版社、齐鲁书社、三晋出版社等，尤其是南开大学出版社，因为近水楼台，来先生的《北洋军阀史》《林则徐年谱新编》《结网录》等成名之作均在此社出版。而王树民先生一生的所有著作都是在中华书局出版的，包括两种具有拓荒性质的学术著作:《史部要籍解题》(1981，2003)、《中国史学史纲要》(1997)；四种古籍整理作品:《廿二史劄记校证》(1984，2001)、《戴名世集》(1986)、《通志二十略》(1995)、《国语集解》(2002)；两种论文集:《曙庵文史杂著》(1997)，《曙庵文史续录》(2004)；主持点校的两种史书:《宋史纪事本末》(1977，1997)、《元史纪事本末》(1979，1997)；他还参与了《宋史》的点校等。

在这十种、十四个版次的著作中，几乎每隔两年就有新的著作问

---

① 来新夏:《互为衣食父母——贺中华书局百年》，《书品》，2012年1期。

世。只有《戴名世集》(1986)和《通志二十略》(1995)之间的间隔较长，猜想大概后一著作的点校整理耗费了作者的巨大精力，以致产生了较长的间歇期。此外，王树民先生发表的学术论文中，有近三分之一是在中华书局主持的刊物上发表的，分别是《文史》(发表17篇)，《文史知识》(发表12篇)，《书品》(发表2篇)。

不难想象，王树民先生与中华书局之间已经形成了良好的互动关系：凡是王树民提出的古籍整理选题，往往是富有前瞻性的，确实是学界急需的著作，具有填补空白的性质；尤为重要的是，他的整理质量是有保障的，甚至可以说是免检产品。而从另一方面来看，王树民先生则完全依托中华书局，从未他求，将自己的学术生命完完全全地与一家出版单位缔结在一起了。

三

曩日读邢铁先生趣文《我们"七八级"的大学生活》，回忆在宣化时期的河北师范学院读本科的经历，其中讲到历史系的任课教师，第一代是张恒寿、王树民、黄德禄等年届古稀的老先生，"他们年事已高，有的住在北京和平里的留守处，很少来宣化，张先生只作过一次报告，王先生来搞过一个讲座"[1]。按照文中的描述，黄德禄先生似乎压根儿就没来宣化。

---

① 邢铁：《我们"七八级"的大学生活》，《文史精华》，2012年第3期。

李惠民回忆宣化读书生活片段时，与邢铁先生的记忆是一致的，"搬到宣化后，许多老先生因身体原因都留在北京。当时的知名老教授几乎没有给我们正式讲过课，研究中国思想史的张恒寿先生和研究史料文献学的王树民先生，都只讲过一次报告"[①]。学校虽然迁到宣化，但北京设有留守处，张恒寿、王树民在留守处应该都是有住宅的，已届古稀之年，免于两地奔徙，自在情理之中。

但这些老先生真的可以优游于京城，而不到环境艰苦的宣化来吗？王树民先生在谈到治学方法需要珍惜时间和善用条件时，以自己在宣化的经历现身说法：

> 师院在宣化的时候，有一个流行的说法："政治学习，规定多少时间用多少时间；劳动生产，需要多少时间占多少时间；教学工作，剩下多少时间算多少时间。"至于科研的时间，根本没有。整天的时间都用于坐班、开会、大批判、听报告、下地劳动、学唱样板戏……晚间也多被占用，看古书好像犯禁一样，幸而早晨的时间可以自己支配。我的室内没有桌子，而有一个很好的菜板，一面切菜，反过来可以写字。[②]

他在如此艰苦卓绝的条件下，完成了《史部要籍解题》二十六正史部分的修改，绝非是朝夕之间可以一蹴而就的。由此可见，王树民先生

---

① 李惠民：《回忆在宣化河北师院读书生活的片段》，载新浪"河北师院的博客"。
② 王树民：《漫谈学习历史和治学方法》，《河北师院学报》，1986年第1期。

在宣化有较长的工作和生活经历，不可能像邢铁、李惠民等说的那样，"只做过一次报告"。准确的说法应该是，在刚搬迁到宣化时，张恒寿、王树民等也长期随校播迁；在1978年以后几位老先生年事更高，加上国内的政治环境已大大改善，所以便主要居留于北京寓所，很少到宣化来了。

张岱年在《怀念老友张恒寿同志》中说："越如在北京留守处有一所住宅，同住的还有老友潘炳皋同志，彼此经常互访。"[①] 此处虽未提及王树民，但猜想王树民、张恒寿两先生的住所应该也是毗邻的。与王树民相比，张恒寿在河北师院搬迁到石家庄后，寓居石门的时间更长，或者竟是以省会石门为主，偶尔才到首都北京小住。而王树民则是长期寓居北京，给本科上课或许到石家庄来，研究生的课程则在北京教授。

王树民在关于《张恒寿先生纪念文集》的笔谈中说："那时他（指张恒寿）住在石家庄，我住在北京，这个问题（指黄老之学兴起的问题）未能详谈。"又在挽张恒寿联中写道："故友无缘，临别难得一面。"[②] 可知二人在河北师院搬迁到石家庄后，往往暌隔两地，不常聚首。

自20世纪80年代以来，王树民进入了学术研究的井喷状态，除了最早的《史部要籍解题》外，他几乎在每部著作的前言或自序中，都

---

① 张岱年：《怀念老友张恒寿同志》，载王俊才、秦进才编《张恒寿先生纪念文集》，石家庄：河北教育出版社，1993年。
② 《哲人虽逝，令誉永存——四教授笔谈〈张恒寿先生纪念文集〉》，《河北师院学报》，1995年第1期。

保留了署名并标记时地的习惯。如：

> 王树民。一九八三年十月于北京。(《戴名世集·前言》，中华书局1986年)
>
> 王树民。一九八六年岁杪于北京。(《国语集解·前言》，中华书局2002年)
>
> 王树民。一九八七年七月五日于北京。(《通志二十略·前言》，中华书局1995年)
>
> 王树民。一九九二年十二月二十五日于北京。(《通志二十略·前言附记》)
>
> 一九九三年十月五日于北京，王树民。(《曙庵文史杂著·自序》，中华书局1997年)
>
> 王树民。二○○三年五月五日重写定于北京和平里寓庐。(《曙庵文史续录·自序》，中华书局2004年)

从1983年到2003年，前后跨越二十年，2003年离王树民去世仅一年，二十年间作文运思都是在北京，足见晚年王树民并未迁居石家庄。他翁郁苍翠的学术晚岁，主要是在北京和平里的寓庐度过的。

证明王树民在新时期的二十多年里，长期居住北京，很少到石家庄来，应非细枝末节、毫无意义的考证。或可借此说明王先生并未很好地融入新时期的师院历史系，虽然也指导研究生，但毕竟见面机会不多，更缺乏指导青年教师的资历，未能树立学科带头人的声誉和地位，与长期居留石门的张恒寿截然不同。由于年迈体弱，加上生活习惯等问题，让他越发留恋北京的生活圈子，仿佛待在北京，他取得学术成就的发源地——中华书局就近在咫尺。但他毕竟是河北师院的教授啊！他在学术著作的自序中一再标举作"于北京"，也是为了与迁居石门的河北师范学院保持距离么？

我似乎明白为什么自己始终没有意识到王树民属于河北高校，而恍惚以为他是首善之区的前辈学者了。

2017年2月13日，在参加完夏传才先生追悼会后，我与霍现俊老师一同返回市里。话题从霍老师的业师王学奇先生，又转到了王树民先生。原来，霍老师曾偕同树民先生的弟子董文武等人，一同到北京上课，地点就在和平里的师院留守处，听王树民先生开讲目录版本，为期一周。王先生蓄有大胡子①，他的象棋下得特别好，背得好多棋谱！霍老师满怀神往地说。

2017年2月10日于石门

2月16日改定

---

① 在网上与赵云耕学长联系，他是河北师范学院历史系1989级的本科生，曾亲炙张恒寿、王树民、胡如雷等先生，多次登门拜访。他更正说，王树民先生不是大胡子，而是蓄着山羊胡子。

周一良

周一良的成名之路

——《天地一书生》读后记①

周一良为名的一生，不能无累，但一路走来，却也格外的潇洒。他不肯安坐书斋，一度走上政治的刀锋，全身而退之后，又以"毕竟是书生"自遣。许多人未许他未经忏悔的轻松自赎，却也不得不承认他固有的书生意气和学者本色。我想追问的是，学者周一良得享盛名，除了学术上的造诣之外，还有哪些因素是他成名道路上的助推剂呢？

一、家世：名父之子不容易当？

周一良与邓懿夫妇育有三子一女，长子周启乾二十世纪60年代初从南开历史系毕业，旋即考入北大日本史专业，成为其父的研究生。虽然遇上"文革"，未能得到系统的训练，"没有写毕业论文就分配工作了"，但日本史的研究从此成为他的终身事业，后来还荣任天津社科院日本研究所所长，可谓克继家声。但周一良仍然感叹说"名父之子不容易当"②。周一良自命为"名父"之时，不知是否也反躬自省，其实他自己何尝不是"名父之子"，他"当"得是否"容易"呢？

无论是《毕竟是书生》，还是《钻石婚杂忆》，均是以"家世"开篇。

---

① 周一良：《天地一书生》，北京：北京大学出版社，2010 年。
②《天地一书生》，第 176 页。

周一良确实有值得夸耀的显赫家世，他的曾祖父周馥由李鸿章的幕府起家，后来署两江总督，又调任两广总督，堪称清末重臣。他的祖父周学海虽然仕宦不显，且壮岁即亡，然而其墓志却出自散原老人陈三立的手笔。至于他的父亲周叔弢，则既是实业家，又是藏书家。清末民初的北方藏书界，周叔弢的自庄严堪与傅增湘的藏园、李盛铎的木犀轩相互辉映。当经过十年私塾教育，十八岁的周一良有志到北平深造，接受新式学校的教育之时，父亲周叔弢的广泛交游，对他是多么大的帮助啊！

从燕京大学国文专修科到辅仁大学历史系，再到燕京大学历史系，周一良的求学之路顺风顺水，不断"奉手"名师，得到了严正的教育和热切的提携，这与他的家世不无关系。据周一良回忆，私塾业师唐兰在他离津前，写了两封介绍信，一封给燕大国文系的容庚，一封给燕大图书馆的侯堮。[1] 周叔弢未必像唐兰那样直接写信，"名父之子"的身份对周一良来说，已足够在北平的学界如鱼得水。在清华谒见陈寅恪时，涉世未深的年轻学子并不十分惶恐，"由于我父亲和他大哥衡恪先生和七弟诗人方恪先生都是至交"，周一良在陈寅恪面前，可以世家子弟自处，多了一份坦然。

周叔弢前后三任妻子，共育有七子三女共十人，他十分看重子女的教育，对长子周一良更是期望甚殷。当周一良离津赴京求学时，他不可能不倾力而为。据周一良回忆，周叔弢曾通过周一良之手，频频

---

[1]《天地一书生》，第20页。

向京城史学界的名流赠送善本，而这些名流往往举手间就能改变年轻学子的命运：

> 他听说燕京大学我的老师洪煨莲先生校勘并研究《史通》，就让我把他所藏校宋本乾隆间黄氏刊《史通训诂补》送给洪先生。……父亲知道胡适之先生埋头于《水经注》赵戴公案，命我把所藏《水经》写本送给胡先生，希望他对写本做出鉴定，并举以相赠。[1]

周一良回忆起这两件事，以为是父亲的"助人为乐"之举，并与1949年后周叔弢化私为公，将所藏全部善本捐献国家联系起来，是使用了障眼法的。明眼人不难看出其父的赠书，应是助力于他的前途。而洪业和胡适，不仅欣然接受了周的美意，也对礼物外的用意心领神会。1938年，洪业推荐周一良领受燕京学社奖学金赴美留学，为即将辗转流离体会战争之苦的学子，换回了八年海外留学的流金岁月；1946年回国以后，周一良时时向正任北大校长的胡适请益，曾任驻美大使的胡适可能有机会访日或任使节，"同意我想步杨守敬后尘的请求，跟随他出访日本"，虽因故未曾实现，却足见胡适对周一良的提携之意。

名门贵胄，文采风流，又得执名媛邓懿之手，可谓珠联璧合，是北平时期的周一良留在时人心目中的印象。后来游学北美，交游更为

---

[1]《天地一书生》，第102页。

广泛，其光流彩溢的形象仍得以延续。大概只有南京史语所一年的生涯肯坐冷板凳，虽在风流蕴藉上稍逊一筹，却又恰是学问涵育的最好时期。遥领史语所所长的陈寅恪在周一良赴美后，据说曾深以为憾，"周君又远适北美，书邮阻隔，商榷无从，搁管和墨不禁涕泪之泫然也。""名父之子"的周一良看起来并不难当，而且骎然有驾而上之之势。

二、才性：从来才大人，面目不专一？

1998年，五卷本《周一良集》出版，依次分别为《魏晋南北朝史论集》《魏晋南北朝史札记》《佛教史与敦煌学》《日本史及中外文化交流史》《杂论及杂记》，从魏晋南北朝史到佛教史，再到敦煌学和日本史及中外文化交流，周一良的治学范围不可谓不广泛。细绎周一良的学术生涯不难发现，其学术研究在不同领域的游弋并非齐头并进，而是有所割裂和分歧。其佛教史的研究主要是哈佛期间的博士论文，敦煌学研究则是晚年与赵和平合作的敦煌书仪研究，而中外文化交流则是在特殊时期，尽弃前学之后的结果。可以说，周一良治学的根柢还是在魏晋南北朝史研究上。

无论是出于个人兴趣的主动选择，还是时代压迫下的被动接受，对于自己在史学领域上的游弋多方，周一良一方面表达了遗憾和不足，同时也流露出得意之情，他引用龚自珍的"从来才大人，面目不专一"

就充分显示了他的夫子自夸，同时又不无揶揄地引用西方的谚语"各种行业的小伙计，没有一行是老师傅"，又显示了他的不自信。① 龚自珍生当清季，那时做学问仍是传统的路数，精深之外更求博大，而西学东渐之后的中国学界，学问的路径已发生了显著的变化，因为学术浩瀚无边，所以在博大之中更求精深。"从来才大人，面目不专一"的时代已经不复返了，而一变成为"如今才大人，面目自专一"了。

留学哈佛的周一良，曾一度以学习语言为职志，在原来的日语、英语之外，他又学习了梵文、拉丁文、希腊文以及法语和德语，而且在语言学习上天赋极高，甚至可以说是天纵聪明，本来对梵文"这样在性、数、格和时上都如此变化多端的文字"一窍不通的他，一年之后就可以从容研讨，"不为分数而发愁了"。② 然而周一良对语言的学习，并非是用之于学术研究，而是当成"遣有涯之生"的"无益之事"，难怪在归国以后便将这些语言能力大部分都统统归还给老师了。

周一良虽然足称是才子，但其实并不多才多艺，如书法上虽然经过正规的训练，却并未成功，而对于自幼喜欢的京剧，也不能无师自通。他曾不无遗憾地回忆说："可惜的是，我在书法方面太缺乏天资，辜负了这种打破常规的习字程序，工夫尽管下了不少，却没有学好任何一种体。……平生憾事除此外还有一件，自幼喜欢京剧，却由于天赋'五音不全'，张口即'荒腔走板'，成为终生遗憾。"③

---

① 《天地一书生》，第 108 页。
② 《天地一书生》，第 43 页。
③ 《天地一书生》，第 18 页。

在史学和语言学之外，周一良对文学的兴趣与日俱增。早在寓居津门读书期间，他就受到了文学方面的熏陶，"二哥煦良和两个姐姐都喜欢文学，他们的到来给我启了新文化的蒙，我开始看鲁迅、沈从文的小说"；而且还培养了文言文的写作能力，他的塾师张潞雪宗桐城派，常给周一良讲桐城义法，"现在回想起来，恐怕还是得益于桐城派所主张的'雅洁'二字，也就是要求文字干净利落不说废话，把多余的字和句尽量删掉。后来，我无论写文言或白话文，都严守这一规范"。①

他和爱人邓懿在学术上的共同语言并非来自历史，而是文学。他一方面感叹邓懿"对我的历史专业可说是一点也不感兴趣，认为历史学枯燥无味"，一方面又不无得意地说"我对邓懿所学的中国文学专业很感兴趣，她写的毕业论文是有关纳兰性德词的，而我也很喜欢纳兰词"。由此可知，周一良在赴美前对文学的兴趣很深，积累也已较为丰厚，当他见到哈佛的导师叶理绥谈起学习计划时，"表示自己的文学基础太差，燕京指定我研究比较文学不太对路"，很可能只是一时的托词。作为一个史学家，周一良在文学上的能力和天赋使他在撰文时毫不吃力，而且文笔流畅，耐人品读，这恐怕是使其无论学术文字还是杂忆文字都传于众口的原因。

①《天地一书生》，第143、147页。

三、年寿：人固不可以无年？

对于身边赍志而殁的饱学之士，周一良往往掬一把同情之泪，丁声树"要求自己非常严格，身为一级研究员，却拒绝房屋等一切较好待遇。最后得病成了植物人，近十年之久，不但他专长的方言调查未能完成，他扎实的古汉语方面的成就也丝毫没有留下"，"哈佛同学蒙思明教授，回国后在四川大学任教，'文革'中被逼惨死"。[1] 见惯了志未及伸便零落草莽的学人，周一良的"忧在填沟壑"转化成了对寿考的美好期望。

1989年，七十六岁的周一良在《毕竟是书生》的末尾，引用《世说新语·品藻》篇王珣哀叹父亲早逝的句子"人固不可以无年"，又引"镜中莫叹鬓毛斑，鬓到斑时也自难。多少风流年少客，被风吹上北邙山"[2] 诗句，谓"我们生此巨变、多变、善变之世，自当争取'有年'，争取'鬓到斑时'。法国民间谚语不是说'谁笑得最后，谁笑得最美好'吗？"[3]

2000年，已享米寿的周一良在《钻石婚杂忆》的末尾，仍然对"有年"而且是更长的"年"给予了期望。他说："当年我曾与谭其骧、唐

---

[1]《天地一书生》，第192页。

[2] 周一良引此诗标为白居易作，今检《白氏长庆集》未见。《随园诗话》卷十引此诗，第三句小异，"劝君莫恼鬓毛斑，鬓到斑时也自难。多少朱门年少子，被风吹上北邙山"，然称之为"宋人"所作。王用臣《斯陶说林》卷十七亦引此，词句微异，"劝君休镊鬓毛斑，鬓到斑时亦自难。多少朱门年少子，朔风吹上北邙山"，又署为元人蒋复轩《镊白发诗》，未知孰是。

[3]《天地一书生》，第123页。

长孺等好友戏言，当今海峡两岸的哲人如梁漱溟、冯友兰、钱穆等都活到95岁，谭公当即大笑说：'我们都争取九五之尊吧。'可惜他们两位都没有成功。我现在想也'再拜陈三愿'：（一）愿活到九十五；（二）愿病危住院不超十天一礼拜就打住；（三）愿神明不衰，直到呼吸停止。"[1]遗憾的是，当他写下这篇文字的一年半后，便在睡梦中溘然长逝。他虽然没有活到他期望的"九五之尊"，却并未病危住院，更不会超过十天，当他呼吸停止的时候，虽然是在睡梦之中，却肯定是神明不衰的。

毫无疑问，周一良是幸运的，他在经历多年的坎坷屈辱之后，终于迎来了曙光。如果他在六七十年代就遭不测，不仅不会被平反，而且还很可能因为他的"梁效"经历而不得翻身，正所谓"周公恐惧流言日，王莽谦恭未篡时。向使当初身便死，一生真伪复谁知？"[2]跻入新时期的周一良，继续他在魏晋南北朝史上的研究，继《魏晋南北朝史论集》之后更有《魏晋南北朝史札记》，奠定了他在中古史研究上的地位；担任北大历史系副主任和主任，先是辅佐邓广铭，标榜"硬里子"思想，做"有力的配角"，后做系主任又乐于"无为而治"，促成考古专业独立成系；同时作为研究生导师，培养了一批学富力强的弟子，传薪有人，继续从事历史研究的未竟之业。

因为在学界显赫的声誉和地位，周一良多有出国的机会，除了晚年的私行探亲或顺访，大部分出国都是官方的行为，代表着一种政治待遇，他对此也津津乐道、感怀莫名。他曾经在《钻石婚杂忆》中细

---

[1]《天地一书生》，第264页。
[2]白居易《放言五首》其三。

数自己的出国次数，"莱登二次，巴黎四次，巴基斯坦、摩洛哥、加纳、坦桑尼亚、埃塞俄比亚各一次，日本七次，美国四次"[1]。其中最让周一良感到振奋的两次，一次出访美国，一次出访日本，都是在八九十年代他晚年时的事。1989年美国组织编纂《国际中国善本书目》，他和顾廷龙联袂赴美，让他与有荣焉。

1997年，周一良最后一次出访日本，也是他光彩的出国经历的最后一次，是到日本大阪接受"山片蟠桃奖"，"此奖专为奖励外国学者研究介绍日本文化有贡献者而设，每年颁发一次，至此已14次。其中以欧美各国学者为主，美国人最多，英国次之，法、德、荷等国皆有，亚洲只有一位韩国学者获得过此奖，我是中国第一人"[2]。文史学界向以老为贵，没有引以自豪的长寿，便不可能有从容的时间撰写回忆录，不可能有如此多的出国机会，不可能达到这万众瞩目的地位和高度。对周一良来说，"有年"与盛名是须臾不可分的。反过来说，"人固不可以无年"，可谓道尽了早逝学者寂寞身后事的深层动因。

2018年6月30日于广州

---

① 《天地一书生》，第242页。
② 《天地一书生》，第241页。

公兰谷

公兰谷的寂寞与悲情

　　2015年，河北师范大学文学院胡景敏院长发起了编纂院史知名学者系列文集的计划，恰好与我同一工作室的王勇教授承担了《公兰谷集》的编辑任务。这位公兰谷先生以现代文学评论著称，同时兼治汉魏六朝诗和《诗经》。于是在文科楼319工作室内，我和勇哥之间便多了一个关于学术的话题。这个话题是沉重的，每当说起先生坎壈蹭蹬的学术生命，我们便相对唏嘘无言，但那时我对公先生的学术生涯所知不多。2018年5月，趁返回河北师大参加硕士论文答辩的机会，我到学校档案馆调阅了公兰谷先生的档案，他本该圆润浑厚、清远悠长，却表现得撕裂喑哑而又戛然而止的学术生命，才清晰地浮现在我的眼前。

一、公兰谷的改名

　　公兰谷本名公方枝，他出生于山东蒙阴县一个"半农半商"的家庭，所谓"农"不过二十亩左右的田地，而"商"不过是一个馒头房，外加一个开办不久即倒闭的染坊，对于近二十口的大家庭来说，仅够贴敷家用。当高小毕业的公方枝面临就读泰安中学还是滋阳师范的选择时，为了每月五元的津贴，他坚定地选择了后者。两年后，抗战全面爆发，公方枝随同乡村师范开始流亡，从山东联合中学到国立第六中学，从湖北的郧阳、均县，到四川的绵阳、梓潼，一路流浪奔波到川北，终于暂时安顿了下来。

无论是山东联中还是国立六中，高中部和师范部名义上是同一所学校，但实际办起学来却是泾渭分明，甚至因为资源紧张，只能分设在不同地区办学。对于当时的学子来说，高中部和师范部最大的区别在于前者将来可以考大学，而后者只能就业。在这一特殊年代里，很多学子都伪造战区中学的证件，转到国立中学去，周一良《毕竟是书生》、何兹全《大时代的小人物》都记载过相类似的举措。[1]公方枝顺应这一潮流，趁机转入国立第六中学高中部：

> 我见这机会难得，便也伪造了北平育英中学的证件插进了六中高中部一年级下学期，当时洋洋得意，以为浑水摸鱼，捡了个便宜，以为小学毕业后要升中学的宿愿达到了。[2]

就在升入高中部之后不久，大约是为了纪念这一行动的成功，公方枝改名公方苓。苓与芝、兰均为香草名，许慎《说文解字》说苓就是卷耳，《诗经》中即有《卷耳》篇，还有《采苓》篇，莫非从改名之初，就已经预示他与《诗经》研究的夙缘？

1941年春，还差一个学期才高中毕业的公方苓，获得校长特许提

---

① 周一良：《天地一书生》，北京：北京大学出版社，2010年，第150页；何兹全：《大时代的小人物》，北京：北京大学出版社，2010年，第50页。
② 公兰谷：《历史思想自传》，河北师范大学档案馆藏公兰谷档案。

前考大学，于是他摩拳擦掌、锋刃初试，一举考入了中央大学中文系。但因设于重庆的中央大学校舍遭受日机轰炸，迟至年底才开学。因为校长特许提前了的半年，又因战局的动荡而延搁了下来。大学期间的公方苓延续了高中时期的活跃状态，仍旧热衷于写作和投稿，但因当时频繁爆发的被捕事件，使他不能不为之担忧。他的研究论文是汉魏六朝诗，自然是与中央大学崇古的学风有关，但是否也包含了他避祸远害的心理？

1945年大学毕业后，公方苓考入中央大学中文研究所，师从胡小石先生。值得注意的是，从本年冬到第三年春，在仅一年有余的时间里，他连续在《中央日报》发表了十四篇关于汉魏六朝文学研究的论文。这些论文大多脱胎于他的大学毕业论文，但一定也经过了再一次的修改和淬炼，虽是旧稿，其命维新，经过研究生阶段新的审视和修订，显然格调是不一样的。在中文研究所深造时，公方苓将自己的研究领域进一步向前追溯，开始了《诗经》学的研究。于是，在《中央日报》理论版上，又开辟了《诗经》研究的专栏：《小雅今译》《春秋赋诗考》《汉代诗经学》《宋元明诗学》……尤其是关于《诗经》学史的阐述，自成体系，开一时风气之先。

研究所毕业后，曾一度兼任研究所助教的公方苓，并未获得留校机会，而此时南京、上海等地大学生源短缺，也无从教机会，内陆大学虽有机会，他却因留恋大都市而放弃前往，就暂时栖身在南京市立一中教书，"待机而动"。1951年2月，经朋友介绍到北京河北中学任教，于是公方苓从南京北上，来到首都。大约他也怀揣着"旅食京华春"的情结，甫到北京，便再次改名。这次并非另起炉灶，而是沿用了研究所期间发表论文所用的笔名——公兰谷。枝谐音芝、芝、苓、兰，都是香草名，公兰谷将它们嵌在名字中，透示出他唯美和尚雅的心理情结。不同的是，兰谷这个新名字，不仅昭示馨雅的情怀，而且还隐隐透露一种归属感——兰自有谷，其命维何？

二、从古典到现代

在北京河北高中任教一年半之后，公兰谷被河北省教育所调任河北师院工作。虽然是离京赴津，但毕竟不算太远，而且是从中学一跃至大学，不能不让他感到由衷地欣喜。他在学术研究上的才华，终于可以得到施展了。于是他满怀热情地走上大学的讲台，先教"现代文选及写作"，后教"现代文学作品选""现代文学史"，并在业余时间根据讲稿写定了一篇又一篇的长篇评论:《谈"女神"》《"子夜"分析》《叶圣陶的"倪焕之"》《老舍的"骆驼祥子"》《丁玲的"太阳照在桑干河上"》……四年之后，他便将其中的十二篇曾选作教材的评论文章，结集为《现代文学评论》，由中国青年出版社出版。那年他才三十七岁。

1955年5月，胡风被逮捕，全国迅速展开揭露、批判、清查"胡风反革命集团"的运动。两个月后，又一场声势浩大的肃清内部反革命分子的运动掀了起来。僻居津门的公兰谷无辜受到牵连，他被怀疑为胡风分子，"原因是公佩服胡风、路翎等人，向学生介绍胡风、绿原的作品，引用胡风的话，引导学生崇拜绿原"。如果说这是无中生有，稍显可疑的是，公兰谷恰好在这一时间里写了一封信，收信人是已被依法逮捕的胡风"反革命集团"骨干分子刘令蒙，而在信笺的开头使用的是笔名"杜谷"，亲切地称刘令蒙为"杜谷兄"，好事的检举者猜测公兰谷是在试探刘令蒙的遭遇。于是当时的"河北师范学院五人小组"向南京市第一中学、中国青年出版社等单位发出了调查函，并相继收到了各单位的鉴定信。

检举和鉴定中虽然不乏一些恶意的中伤，但丝毫无法坐实公兰谷与胡风集团的交往，于是"胡风分子"的帽子没有落在公兰谷的头上，"经鉴定为受胡风影响较深的人而非胡风分子"。这险些被迎头棒杀的遭遇并未吓退公兰谷，他对现代文学的研究依旧兴致勃勃，不仅出版了《现代文学评论》，而且经天津河北师院函授处印行了《中国现代文学》第一卷，共计15万字，第二卷、第三卷也相继推出了油印本。现代文学的评论和研究是敏感的，也是危险的，冯至开始研究杜甫，沈从文也转向了服饰史的研究，难道公兰谷没有嗅出现代文学评论浓烈的火药味吗？他为什么如此执迷于现代文学的教学和评论呢？

沈卫威翻阅中央大学中文研究所所长胡小石留下的《读书日程录》发现，1945年9月入学的第二届研究生为刘溶池、王季星（继兴）、公方苓、李毓芙、郭银田，随后入学的有濮之珍、徐家婷等。这些当年中央大学文科研究所中国文学部的研究生，1949年以后，除徐家婷外，都没有留在改名的南京大学中文系从事学术研究。① 这些胡门弟子非但

---

① 沈卫威：《"学衡派"谱系——历史与叙事》，南昌：江西教育出版社，2007年，第338页。

没有留在南京大学，而且大多都放弃了古典学术的研究，如排在前面的刘溶池、王继兴和公方苓，纷纷转向现代文学和文艺学研究，个中原因耐人寻味。

在现代文学评论的园地上，公兰谷是一个辛勤的开拓者，"炎热的夏天，在十二平方米的斗室内，他赤臂袒胸、大汗淋漓地坚持读书写作，常常使来访的年青女同志望而却步" ①。在处境维艰的时代环境中，他没有放弃学术，而这是一条布满荆棘的学术之路啊！一篇接一篇的文学评论和多卷本的《中国现代文学史》，是他执拗与时代搏斗的丰碑！拨乱反正后的1979年，中国现代文学研究会成立，公兰谷被选为十六位理事之一，确立了他在现代文学研究界的地位。他对现代文学研究贡献巨大，而时代反馈他的却如此之薄，当他正满怀信心地迈向人生的又一个阶段时，竟因为突患脑溢血而与世长辞于1980年的料峭春寒中，终年六十岁。

那一年，经历了二十三年监禁和流放的夏传才，回到了原单位河北师范学院，那时夏先生已五十六岁——仅比公兰谷先生小四岁。他开始矢志于《诗经》学和汉魏六朝诗学的研究，日后推出的代表作为《诗经研究史概要》《诗经语言艺术》《思无邪斋诗经论稿》《曹操集注》《曹丕集校注》。夏先生接过的，不正是公兰谷在40年代留下的学术薪火吗？

---

① 李屏锦：《哀兰谷——关于公的随想录》，《河北文学》，1980年8月号。

三、"黄色文人"公兰谷

周一良曾在1989年11月中山大学举行的"纪念陈寅恪教授国际学术研讨会"上，做了一个书面发言《向陈先生请罪》。十年之后，他又将此事记入回忆录《钻石婚杂忆》，并附带讲了另一件让他为之"忏悔"的往事：

> 在批判北大历史系《北京史稿》时，我错误地称商鸿逵先生是"黄色文人"。此事后由北大历史系党总支在赔礼道歉时讲过，后来在纪念商先生的会上，我仍然怀着非常歉疚的心情重谈此事。因为以后直到我因"梁效"问题受批判时，商先生一直是对我非常友好的。①

周一良说史学家商鸿逵为"黄色文人"的具体细节已经随历史而消逝了，不知商先生最终是否原谅了周一良，但留在商先生心中的伤痕一定记忆犹新。

五十年代的肃反运动和史无前例的"文化大革命"，使公兰谷遭受了种种攻击和磨难。在肆意泼来的脏水中，最让他难以承受的恐怕就是"黄色文人"的称号了。而且与商鸿逵所遭污蔑仅来自周一良一人

---

① 周一良：《天地一书生》，北京：北京大学出版社，2010年，第215页。

不同，公兰谷所遭受到的责难来自四面八方。他曾经的某个同事检举他说："有一天他说工作太忙了，没有谈恋爱的时间。"他被曾经工作过的南京市第一中学鉴定为："经常和几个当时比较落后的教师在一起漫骂领导，谈女人，搞一些黄色的下流照片。"肃反运动材料"问题摘要"的总结是："散布黄色毒素淫乱思想，在班上讲自己的浪漫史，回到房间就讲女人，买春宫画看，与有夫之妇勾搭。"可这当中，又有多少信史呢？

南京市文教局给北京市文教局回复的信中说，公兰谷"思想意识落后，私人生活浪漫"[①]，虽然充满那一时代的气味，但可能多少还是实情。耽于文学创作和评论的公兰谷，在思想意识上自然难以紧跟时代的步伐，而幻想浪漫爱情和生活也自然是难免的，但他究竟又有多少浪漫的往事可言呢？

多年后，河北师院的一位毕业生撰文回忆公兰谷说："在上世纪40年代初就读于重庆沙坪坝的国立中央大学，据说在读大学期间他迷恋上了一位后转入中大的女生，名叫陈琏。那陈琏生得极其美艳，公兰谷大胆向陈琏写了求爱信。但是，他不知此时的陈琏已是名花有主。陈布雷的这位千金终是错过了大才子公兰谷。"[②]但这很可能只是出自后来好事者的编造和幻想之词。公兰谷自己在记述陈琏的时候，却是异常冷静的，看不出任何爱慕的意思：

---

① 以上鉴定材料及信件，并见河北师范大学档案馆藏公兰谷档案。
② 张丽钧：《致母校河北师院——是你喂养了我饥馑的青春》，载新浪"河北师院的博客"。

一九四二年，我在集庆中央大学学习时，我认识和知道的同学多半是一些脱离政治埋头读书的人。当时蒋管区尚未兴起民主运动，学校平静无波，难以看出谁是进步同学。只记得在一九四二年下半年由昆明西南联大转来一位女同学叫陈琏，陈琏在中央大学期间并无突出表现，表面看来她只是一个埋头读书的人，后来到解放战争期间，陈琏在北平被国民党反动派逮捕入狱，才知道她原来是地下党员。陈当时读历史系，我读中文系，和她平日少接近，彼此并不熟识，她在中央大学时是否已入党也不知道。①

自传只是平实讲来，没有一丝一毫的情感涟漪。说陈琏是公兰谷的梦中情人，曾经迷恋的对象，我觉得是捕风捉影之谈。至于和公兰谷曾有过恋爱关系的，应该是另一份材料中讲到的南京一中的同事张静宽，但是否即是那些诛心之论中讲到的"有夫之妇"，就更无法坐实了。

　　大概是在历次的政治运动中无暇分心，又痴迷于教学和学术研究，公兰谷慢慢成了大龄青年，又慢慢步入了中年，他的婚姻被一再耽搁，除了时代的原因，更多的可能是主观原因。据和他交往密切的挚友柳岊回忆，"文化大革命"的前夜，公兰谷向他畅谈"可以结婚的女方条件有三"：一是同一爱好情投意合的，二是年轻貌美的，三是没结过婚

---

① 公兰谷：《历史思想自传》，河北师范大学档案馆藏公兰谷档案。

能生孩子的。柳岊的感觉是公兰谷对自己的婚姻问题"设想脱离实际而近乎玄虚",是把琴弦定得太高,因此他怀疑说"实际是另一种形式的独身主义思想"。[①]那一年,公兰谷已经四十五岁。

当公兰谷迈向知命之年时,他终于按捺不住对成家的渴望,连续向旧友求助。在柳岊等人的帮助和撮合下,他有过一段短暂的婚姻,后来又因分居两地而协议离婚。但从公兰谷在70年代填写的几份表格上,他在家属一栏都工工整整地填上了妻子的名字,"妻秦淑贞,中医师,群众。在甘肃定西县卫生局工作",我一开始的感受是苦命鸳侣,天各一方,在对公先生的婚姻有所了解后,又感受到他对于妻子的格外尊重。

晚年的公兰谷子身一人,他短暂的婚姻走到了尽头,"能生孩子"的愿望也落了空。更让人扼腕的是,他在去世前夕,"积极进行了一九八○年招收现代文学研究生的准备工作"[②],但他终于没能招收研究生,学术的薪火在他身上戛然而止。如果上天再给公先生十年的寿命,他的生命是否会呈现出另一种光芒和色彩呢?

公兰谷在评价叶圣陶的《倪焕之》时写道:"倪焕之为什么经历了这样一种生活道路呢?这是由于他的性格所决定的,自然这性格的形成和他的阶级出身也有着密切的关系。"[③]文学作品虽然是虚构的,却更

---

① 柳岊:《武当山中结识的旧友》,《长城》,1981年第3期。
②《公兰谷悼词》,河北师范大学档案馆藏公兰谷档案。
③ 公兰谷:《叶圣陶的"倪焕之"》,《现代作品论集》,北京:中国青年出版社,1957年,第41页。

真实地反映了现实人生，公兰谷的生活道路又何尝不是由于他的性格所决定的呢？他又在评价老舍的《骆驼祥子》时写道："作者把祥子的懒和耍刺儿的原因完全归到社会方面去，一点也不责怪祥子，这是完全正确的。当最后小福子吊死，祥子灰心之余变得更加堕落时，作者更加愤激地对旧社会做了有力的控诉。"[1]比性格因素更深刻的是社会原因，公兰谷的悲情学术人生的源头更应该去时代中寻找吧！

我感到好奇的是，如果不是因病早逝，公兰谷先生的学术生命得以继续延伸的话，他还会像原来那样再次改名吗？山东联中的公方枝，中央大学的公方苓，北京中学的公兰谷，而在河北师范学院迎来学术新生的他，还会摇身变出怎样的新名字、新身份呢？

2018年7月4日于广州

---

① 公兰谷：《老舍的"骆驼祥子"》，《现代作品论集》，第60页。

漆侠

漆侠与胡如雷

——从一封职称评定推荐信说起

20世纪八九十年代，河北史学界有两面大纛，一面是河北师范学院的胡如雷，一面是河北大学的漆侠。一个侧重唐史，曾执掌中国唐史学会；一个专精宋史，长期担任中国宋史研究会的会长。僻居地方的河北高校，同时坐拥两位断代史学会的首席学者，而且还是极重要的唐、宋史学会，怎能不令全国史学界刮目相看？

1952年，胡如雷因为在"忠诚老实"运动中的自我交代，本拟前往中国科学院经济研究所任职的他，不得不接受组织安排到河北邢台师范学校任教。一年后，漆侠先生背负"反党集团"的政治结论，由中国科学院近代史研究所转徙天津师范学院任讲师。二人先后从北大和清华毕业后，均曾与中科院结缘，最后却都来到了河北。命运的拨弄一何相似！

经过三年的沉潜，凭借《历史研究》刊载的两篇大论文，胡如雷在史学界崭露头角，很快便得到伯乐的赏识，调入河北天津师范学院历史系。河北天津师范学院和天津师范学院虽然都地处津门，且均以师范命名，却是两所不同的高校。河北天津师范学院是河北师范学院的前身，而天津师范学院则是河北大学的前身，前者从天津迁往北京，又从北京被"轰到"宣化，最后转到石家庄，后者也经历了从天津到保定的迁徙。但在50年代末，两位先生确曾共居于津门，只是不知当时的他们是否已相识和结交。

可以肯定的是，"文革"结束后的两位先生已开始互通声气，书翰频频，在学术上惺惺相惜。1982年，胡先生申评教授职称，已具有正高职称的漆先生，应请撰有一份推荐书。这份推荐书搁置于胡如雷档案中，尘封多年，现藏于河北师范大学档案馆。全文如下：

胡如雷同志系新中国培养起来的历史学家，三十年来，在马克思列宁主义、毛泽东思想指导下，对隋唐史和中国封建社会史的研究，写出了许多出色的文章，做出了不小的贡献。胡如雷同志的研究工作是在搜集了大量事实材料的基础上进行的，因而得出来的结论是经得住推敲和检验的。例如对隋末农民战争的研究，地主分子和农民军起义起兵的情况，比过去任何的研究都细致得多，使《二十五史补编》中有关隋末起兵的事实材料的研究便落在后面了。不仅材料丰富，而且能够根据这些事实材料提出了新的看法，从而突破了前人的乃至权威学者的见解和成果，把某些问题的研究提到一个新的高度。陈寅恪先生是魏晋隋唐史的权威学者，有关牛李党争的论述一向认为是不易之论。而胡如雷同志则不受这些结论的限制，从当时对藩镇和对蕃族的重大政治问题上，论述了两党的政治态度和立场，从而判明两党的是非优劣，这类研究是具有创造性的，难能可贵的。胡如雷同志之所以取得如此多的成就，关键在于他努力学习马列主义。近年发表的《唐末农民战争》一书堪称为他的代表作。该书不是从公式、概念出发，而是具体地分析了唐末社会经济关系，指出社会矛盾的症结所在，以及通过这次战争，社会诸阶级发生的相应变化，特别是中国封建社会自唐朝的后期的转变，从而把唐末农民战争的动力作用给以揭示出来。胡如雷同志不仅对隋唐史有深刻的研究，对中国封建社会史也提出了独到的见解。专与通相结合，这是胡如雷同志在研究中取得成就的一个值得注意的研究方法。《中国封建社会形态研究》便是这种方法具体应用的研究成果。胡如雷同志独辟蹊径，对中国封建社会进行了全盘考察，提出了许多有益的见解。该书出版以来，受到学术界的重视和好评。研究方向是正确的，是对建立我国封建政治经济学的一个有益的尝试。这一研究虽属开端，但这本书对于了解我国封建社会的基本状况，为初学者提供入门的线索，是值得肯定和重视的。我们希望胡如雷同志继续这方面的研究，以获得更多的成果。胡如雷在国内治隋唐史中是有成就的一位，在他的同事当中是不可多得。他的水平已经达到了教授水平，特写此书，以资推荐。河北大学古代史教授漆侠，1982年7月5日。

这封推荐书有很多值得玩味的细节，可以印证两位先生的学术品节，也生动地体现了前辈学者在学术取径上的异同。

　　首先，漆先生对胡先生的评价尽多褒词，但绝非虚誉，而是凭事实来说话，具体而微地指出创获在何处。如认为《唐代牛李党争研究》①"判明两党的是非优劣"，突破了陈寅恪的"不易之论"；《关于隋末农民起义的若干问题》②"比过去任何的研究都细致得多"，"把某些问题的研究提到一个新的高度"。如果说前文突破的"权威学者"是陈寅恪，那么后文超越的"前人"很可能就是漆先生本人。他早在1954年就撰有《隋末农民起义》一书，而且还是他的处女作。胡先生在时隔近三十年后，重新讨论隋末农民起义的问题，不可能不涉及对漆侠旧作的批评。而漆侠对新成果却不吝赞美之词，足见前辈学者之虚怀若谷，一以学术为鹄的的高尚品格。

其次，漆先生认为胡先生是"新中国培养起来的历史学家"，他在隋唐史和中国封建社会史研究上的成绩，是"在马克思列宁主义、毛泽东思想指导下"进行的，下文又进一步强调"胡如雷同志之所以取得如此多的成就，关键在于他努力学习马列主义"。这一评价无疑是富有洞见性的，胡先生早在清华大学读书时，就深受王亚南先生政治经济学课程的影响，开始深入研读《资本论》。多年后撰写《中国封建社会形态研究》，就曾夫子自道其深受"马克思研究资本主义社会和写作《资本论》的方法"之影响。③而实际上，漆先生对马克思主义史学方法也是情有独钟，他对胡先生"努力学习马列主义"的评价同样适用于其本人。二人都是新中国培养的第一代马克思主义史学家，自始至终坚持学习马列主义，并将唯物史观和马克思经济史研究方法运用于

---

① 胡如雷：《唐代牛李党争研究》，《历史研究》，1979年第6期。
② 胡如雷：《关于隋末农民起义的若干问题》，《文史》，第11辑。
③ 胡如雷：《坎坷的遭遇，多彩的暮年》，《文史精华》，1993年第5期。

史学研究的实践，真学、真信、真用，从而凝练出各自治史的特色和品格，而他们的治史特色和品格实际是胎息相通的。关于漆先生的史学研究在认识论上的取径，王曾瑜、刘秋根等人均有揭示。①

再次，漆先生强调"胡如雷同志的研究工作是在搜集了大量事实材料的基础上进行的"，"不仅材料丰富，而且能够根据这些事实材料提出了新的看法"，这实际是指出胡如雷不仅擅于运用马克思主义史学理论，而且更坚定地发挥传统实证史学的优势。同样，胡先生也曾称赞漆先生，"在现今史学界，理论好的人，史料功夫不一定好；史料功夫好的人，理论水平不一定高，像你的老师理论水平高，史料功夫也好，这是很难得的"②。"理论水平"和"史料功夫"的相得益彰，正是漆、胡二人治史的共通法门。

最后，鉴于胡先生在隋唐史和中国封建社会形态研究上的跨越式发展，漆先生指出"专与通相结合，这是胡如雷同志在研究中取得成就的一个值得注意的研究方法"。既专精而又注重贯通，漆先生的史学研究何尝不是这样呢？两位先生都经历了一个由博返约，再由专精转向阆肆的过程。不同之处在于，胡先生的代表作是《中国封建社会形态研究》，而漆先生的代表作是《宋代经济史》，二人学术的峰值，一个更显宏通，一个相对精微。

---

① 王曾瑜：《一位真诚的马克思主义史学家》，《漆侠先生纪念文集》，保定：河北大学出版社，2002年，第593—596页；刘秋根：《关于中国马克思主义经济史学研究方法论的思考——读〈中国经济通史·宋代经济卷〉为中心》，《史学理论与史学史学刊》，2018年下卷。
② 李华瑞：《跟随漆侠师学宋史》，《历史教学（下半月刊）》，2012年第1期。

这种个人学术河流的涨落，又不仅仅关乎学术内在的承转与更迭，也与时代的巨浪息息相关，甚至还掺杂了很多偶然的因素。20世纪50年代，史学界热衷于讨论"五朵金花"，漆先生和胡先生都曾"预流"，在农民战争、古史分期等热门问题上撰有论文。那一时代喜好宏通的史学风格，不能不对二人带来深刻影响。胡先生在20世纪50年代开始酝酿和撰写的《中国封建社会形态研究》，虽然命运坎坷，出版社拒而不用，书稿石沉大海，最后却失而复得，并在"文革"后顺利出版。[①]而漆先生在同一时期开始酝酿"中国封建社会经济史研究"的课题，并为此搜集了大量资料，遗憾的是，在"文革"中近三百万字的资料卡片因被抄而失落，不得不重起炉灶。因为兹事体大，只能缩小范围，专骛于宋代经济史料的搜讨和研究。在"文革"结束后又经过十年的沉潜，两巨册近百万字的《宋代经济史》撰成。其中甘苦得失，又岂能一语道尽！

　　作为畿辅高校的领军学者，漆侠和胡如雷两位先生都获得北京高校的垂青，并相继收到了北大等名校抛来的橄榄枝，然而却因为种种人为的因素而未能成行。[②]我却在想，虽然二人都有名校情结，但年龄和家庭等因素也不得不考虑，纵使没有学校和其他方面的阻力，已过耳顺之年的他们未必真的会移徙他所。尤其是漆先生，此时的他已拥

① 秦进才：《〈中国封建社会形态研究〉成书的启示》，《石家庄学院学报》，2013年第4期。
② 刘浦江：《邓广铭传略》，载张世林主编《想念邓广铭》，北京：新世界出版社，2012年，第23页。

有自己亲手创建的学术平台——"河北大学宋史研究所"，眼看精心培育的硕士生、博士生正大批地成长起来，学术的大厦已然奠基成形，他怎么舍得离开？

在以教学为职志的高等院校，创建独立于教学之外的研究机构，这在20世纪80年代初，既需要强大的魄力，也需要超前的思维。这种独立的研究机构，在当时不要说地方高校，就是教育部直属重点高校也不多见。河北大学宋史研究所一开始名为宋史研究室，后来改名为历史研究所，最后又回归到宋史研究所的称谓上来，也正体现了漆先生取精用弘、由博返约的学术思想的转变。

在河北省社会科学界，"河北大学宋史研究所"已成为一座学术重镇，它创下了河北省的很多个第一：第一个博士学位授权点（1984）、第一个"中国高校人文社会科学研究优秀成果奖"一等奖（2000）、第一个教育部省属高校人文社科重点研究基地（2001）……而放眼全国宋史学界，河北大学都不可小视，甚至一跃而成为中心：中国宋史研究会秘书处挂靠于此，《宋史研究论丛》编辑于此，"宋史研究丛书"的组织出版发祥于此……这些成绩的取得，当然都与漆先生近二十年的苦心经营是分不开的。

从1953年来到河北大学，到2001年赍志而殁，漆侠先生在河北大学前后工作了近半个世纪，河北大学成就了漆侠先生，而漆侠先生也成就了河北大学，正像他在《贺邓先生九十寿辰》中所说的"一从杏坛五十年"，五十年的学术征程与一所高校紧密联结在一起，既是邓广铭先生也是漆侠先生一生的写照。

与漆侠先生不同，胡如雷先生虽也长期执教于河北师范学院

（1956—1985），但在晚年曾一度调离，转而任职于河北省社会科学院（1985—1994）。从他到河北省社科院即建立"隋唐史研究室"的举动来看，未尝没有效仿漆先生在河北大学创办宋史研究室的意思。也许河北师范学院历史系多有掣肘，未能使先生尽才，尤其是在建立学术团队，使学术薪火承传上。经过数年的经营，隋唐史研究室取得了一定的成绩，但与河北大学的宋史研究所相比，却未免稍有逊色，这恐怕与河北大学宋史专业早在1984年就拥有博士学位授权点大有关系。

由于身体染疾等原因，胡如雷先生在时隔十年之后又做出了一个新的决定，他在年近古稀之龄，又返回了河北师范学院，大概这时的他已准备颐养天年了。虽然还有一定的学术规划，但主要是收尾了——将已发表的论文结集，写写回忆文字。而此时的漆侠先生，从宋代经济史到宋代思想史，正雄心勃勃地做出了一个新的学术转向，《宋学的发展和演变》尚未竣事，又有撰写《宋辽金元史》的宏猷。然而天不遂人愿，一次医疗事故竟意外地夺去了他的生命，一颗"年轻的心"永远停止了跳动！然而他所领导的"漆门弟子"和"保定学派"仍在宋史研究事业上生生不息，他的遗著《宋学的发展和演变》以及未完的心愿《辽宋西夏近代通史》相继出版，而他的所有作品也一并汇集为《漆侠全集》呈现在世人的面前。

1998年，年轻三岁的胡如雷先生驾鹤西去，三年后，年长三岁的漆侠先生径赴玉楼，天国多了两位学有专精的史学家，可以联袂纵论河北和中国的史学掌故了！

2018年6月19日写毕于广州

胡如雷

雷声玉振的野生力量

——重读胡如雷的学术生涯

毕业分配之前，青年胡如雷还从未与河北发生过交集。为躲避日军轰炸，童年时代的他从太原逃难西安，后来为了求学，也曾南下武汉，东渡上海，最后负笈北京。近在京畿的河北，对他来说却显得既遥远又陌生。然而不容置辩的一纸文书，将他分配至河北做中等师资，瞬间剥夺了他即将拥有的中科院经济研究所的优厚职位。

更让人始料不及的是，他这一去，就再没能离开河北。从河北邢台师范学校，到河北天津师范学院（后来又改名为河北北京师范学院、河北师范学院），最后又调到河北省社会科学院。虽一直是河北，所在地却屡次变迁，从邢台到天津、北京，再到张家口的宣化，最后是石家庄，他曾工作过的五个地名在河北省地图上连起来，正好形成一个巨大的问号。

仿佛是问：为什么是我？毕业不久前的忠诚老实运动中，为了表示忠诚，胡如雷"老实"地交代了自己与阎锡山的堂甥舅关系，连曾经加入国民党"三青团"的历史，他也毫不避忌。然而这一切转眼成了罪证，成了必须将他放逐出京的理由。连推荐他到中科院经济研究所工作的导师孙毓棠，也不得不一而再地写检讨。可为什么是河北，又有谁知道呢？

对许多人来说，远离学术研究的中心，很可能便意味着学术生命的终结。本科毕业的胡如雷，犹如一把利剑，虽然在清华曾如鲸吸水般地汲取知识，初步具备了史学研究的能力和潜力，却并未出鞘，甚至还未曾发轫。胡如雷，他能经受住环境的考验吗？那些清华历史系的老师们，既寄予厚望却也隐隐担心。

坐落在河北南部的邢台市，是古代邢国的发源地，明清时设立顺德府。曾经的繁华，如今已有些衰败。现在的邢台，有两所大学，一所叫军需学院，一所是邢台学院。其中邢台学院一路升专、升本，原来却只是中专，一所为中小学培养师资的师范学校。我从四川大学毕业后曾供职于此，当时浑然不知五十年前胡如雷先生有同样的经历。不一样的是，我是主动找上门来，而胡先生是被逼无奈。

我很快就发现这儿图书资料匮乏，在科研上沉如死水，我虽然是回到了家乡，却一点也不快乐，于是决定通过考博自我救赎。图书馆的清闲工作成就了我，很难想象如果分担繁重的教学任务，还如何腾出时间备考。泥沼越陷越深，如果你待上三年，很可能哪儿都不想去了，朋友告诫我说。一年之后，我考上了南京大学。

多年后回望当初，我深知胡先生经历的磨难远甚于我：他每周必须上十八节课，他坐班还要带晚自习，他有多个子女要抚养，他还被迫卷入时代的风暴，他没有时间，没有资料，也没有考研考博的机会。但他有一颗不甘沉沦的心，下定了决心从平庸中自我拔救，他变卖妻子的首饰购买图书，还善于利用碎片时间。

邢台怎么样？中学怎么样？工作忙碌又怎么样？资料匮乏又怎么样？在胡先生强大的意志力面前，一切困难都显得微不足道。"大段时间难找，他就利用点滴时间研读史籍，像学生上课间操的空隙，他都不肯放过，总要读上几段《太平广记》。每天除吃饭、授课、睡眠之外所有时间几乎都是在书桌旁度过"①，"所有的礼拜六下午和礼拜日，都搭进去，所有的寒假，所有的暑假，都搭进去"②。他不仅没有被时间的碎片割伤，反而驾驭时间，成了时间的主人。

　　而且幸运的是，胡先生刚离开母校不久，清华朴实厚重的学风仍不时激励着他。清华历史系读书的岁月，让他平添许多勇气。当学术探索过程中遇到困惑，或者感到独学无友的孤寂时，他便向昔日的恩师求助。孙毓棠先生不顾自己身在危难，慨然伸出援助之手。在被问以"选择什么研究方向"时，他"冷静地思考一阵以后认真而慎重地对我说：研究中国史容易出成果，但先秦两汉研究起来需要古文字过关，我在穷乡僻壤无人指导，不好办，而且秦汉魏晋南北朝的有关史书较少，解决有些问题不容易；宋代以后史籍很多，虽然较易解决问题，但我作为个人无力购置那么多史书"，最后确定研究隋唐史，确定了胡先生一生的治学方向。他还"把他的藏书《唐六典》《唐律疏议》《唐会要》和陶希圣、鞠清远等人编辑、撰写的《唐代土地问题》、《唐代之交通》、《唐代经济史》和《唐代财政史》慨然倾囊送我了"。③ 胡

---

① 孙继民：《曲折的人生道路与高矗的学术丰碑——庆贺胡如雷先生七十寿诞》，《河北师院学报》，1995 年第 4 期。
② 刘九生：《我是野生植物——胡如雷教授访谈录》，《中学历史教学参考》，1995 年第 5 期。
③ 胡如雷：《怀念恩师孙毓棠先生》，《学林漫录》第 13 集，北京：中华书局，1991 年，第 30—31 页。

如雷的来信，告知"这么一个艰难的条件下还想走这一条道路"，让另一位学术导师周一良先生既惊且喜，"好像听到了空谷足音"①。

三年之后的1955年，胡先生的付出获得了回报，他播育的种子第一次破土而出。历史学界最知名的学术刊物——《历史研究》，在一年之内刊载了他的两篇论文，一篇是《论武周的社会基础》，一篇是《唐代均田制研究》，那一年胡先生还未届而立。同时让人倍感凄恻的是，当第二篇论文发表时，胡先生正在肃反运动中身陷囹圄。那本应充溢于怀的学者喜悦，他却丝毫感受不到。

正是凭借这两篇论文，胡先生一头闯进了隋唐史研究的王国，很快便引起了学界的关注。张恒寿先生在读到两篇论文后，仿佛发现了无价瑰宝，迅即向他所在的河北天津师范学院力荐。经过一段时间的斡旋，胡如雷先生如愿从邢台来到天津，成了一名"好歹算是大学"的高校教师。短短两年之后，他又跟随历史系搬迁至北京，并入了河北北京师范学院。从邢台到天津，再到北京，他又一次回到了学术的中心。

从此，他与清华的恩师离得更近了，经常找机会拜访孙毓棠先生。"60年代初，有一天从《人民日报》上突然看到孙先生参加学术会议的报道，由此猜想到他已经重返'人间'，一时欣喜之情，难以形容。第二天就登门走访，多年不见，久别重逢，颇有恍若隔世之感。当时的交谈尽管冷静、理智，而内心的激动和喜悦是不言而喻的。从此以后，

---

① 刘九生：《我是野生植物——胡如雷教授访谈录》，《中学历史教学参考》1995年第5期。

我就成了孙府的常客，每隔二三个月，就要去向孙先生请教一次，思想上形成的新看法，都要向他汇报，征求意见。"[1]王亚南先生"到北京开人民代表大会，住在前门饭店，特意写信约我去拜见他，面谈了整整一个上午。王亚南先生对我的热情鼓励和关怀，那次见面时的情景，至今犹历历在目"[2]。这一切，让胡如雷先生觉得既亲切又熟悉，仿佛从不曾离开过一样。

然而政治运动未曾稍歇，胡先生仍不时受到冲击：1960年，被下放北京郊区河北村，进行为期一年的劳动锻炼；1965年，被派到农村参加社会主义教育劳动；"文革"开始，又被打成牛鬼蛇神。但好在学术研究不曾中断，他的代表作《中国封建社会形态研究》的创作和出版历经波折，修订、再修订，甚至是重起炉灶，都是在六七十年代完成的。[3]

1969年底，河北北京师范学院又以战备的名义被赶出北京，搬到北京西北150公里之外、隶属河北张家口地区的宣化，从此校名中的"北京"二字被抽离，变成了河北师范学院。"林彪'一号命令'，把我们学校从北京轰出了。轰到宣化，离张家口不远的一个小市镇里头，比县高一等那么个地方。好多人不愿意去，户口都不往那儿迁，有的住在沙滩上哭。整天风一刮来，沙尘蔽日，昏天黑地，白天就得点电

① 胡如雷：《怀念恩师孙毓棠先生》，《学林漫录》第13集，第32页。
② 胡如雷：《回顾在清华大学历史系学习生活片断》，《学林漫录》第7集，北京：中华书局，1983年，第30页。
③ 秦进才：《〈中国封建社会形态研究〉成书的启示》，《石家庄学院学报》，2013年第4期。

灯。"[1] 这颗为学术而生的种子，再一次被抛到了荒郊野外。

从1969到1981，宣化办学十二年。在胡先生的学术征程里，宣化时期又可分为前后两段：前段由于时代的特殊环境，学术研究除了修订《中国封建社会形态研究》，几乎没有写，也没有发表任何论文。但从1977年开始，宣化后期的胡先生又开始活跃起来了，仅1979年就有两部著作（《唐末农民战争》《中国封建社会形态研究》）分别在中华书局、三联书店出版，三篇论文（《"让步政策"是客观存在的》《隋文帝评价》《唐代牛李党争研究》）分别在《光明日报》《社会科学战线》《历史研究》发表。这为他日后被推举为唐史研究会副会长、会长，成为史学界的一面大纛提供了最重要的积累。

如果说1955年在《历史研究》上连续发表两篇宏文是先生学术历程掀起的第一个高潮的话，那么1979年则标志着第二个高潮的来临。巧合的是，这两段学术高潮，一奠定于邢台时期，一奠定于宣化时期，两段学术历程又恰恰是胡先生一生中最为艰苦卓绝的时期。这难道仅仅是巧合吗？

晚年的胡如雷先生在回首自己的学术历程时，将自己的自画像定位为"野生植物"：

　　我没有读过研究生，也没有受到高级的培养。在学术上我自己有一句话：我是野生植物。什么叫野生植物呢？长得很不好，

---

[1] 刘九生：《我是野生植物——胡如雷教授访谈录》，《中学历史教学参考》，1995年第5期。

金石也不懂，小学也不懂，这些基本功都不行，也来不及补。外语会得也不多，清华那时候着重英语。我在清华的时候，世界史的参考书都是英文书。但是日文没有学。后来毕了业以后，才学日语，自己自修的。也没有人教，不像园田里的植物长得规格。我一个好处就是野生植物，生命力强。你不浇水，你不上肥，反正我也死不了。我能活下去！我在学术上最后给自己画个像，做的结论，就是一个野生植物。①

作为学术后辈的我，重读胡先生的学术研究生涯，蓦然发现，邢台、宣化这两段时期的学术征程，虽然历尽磨折和困苦，却正是胡先生野生学术力量的蓬勃期。玉汝以成，雷声玉振。

据黎仁凯《怀念漆侠先生》一文载，漆先生曾动议邀胡如雷先生来河北大学共事，却"因人事调动困难重重和胡先生之家庭变故等原因未能如愿"②。在此之前，不仅胡如雷先生，连漆侠先生也是被挖的人才高地。据说邓广铭在出任北大历史系主任后，四处网罗人才："从山西调来王永兴，从社科院调来吴荣曾，从中文系调来吴小如。……当时还曾商调漆侠和胡如雷，也因河北方面不同意而作罢。"③晚年的胡如雷之所以坚执地留在石家庄，留在河北，除了人事调动困难的客观原

---

① 刘九生：《我是野生植物——胡如雷教授访谈录》，《中学历史教学参考》，1995
年第 5 期。
② 黎仁凯：《怀念漆侠先生》，《漆侠先生纪念文集》，保定：河北大学出版社，2002年，
第 632 页。
③ 刘浦江：《邓广铭传略》，载张世林主编《想念邓广铭》，第 23 页。

因外，我猜想也有主观的原因。那颗被时代遗落在草泽的种子，迭经河北邢台、宣化、石家庄的学术旷野，他早已习惯了风沙和严寒，习惯了干涸或洪水，习惯了在苦难的罅隙里暗自生长。

2018年3月4日凌晨于花城

夏传才

"望崦嵫而勿迫"

——晚年夏传才的时间观念与生命意识

20世纪40年代的夏传才，多重身份集于一身：既是大学生，就读于南方大学中文系；也是诗人，创作长诗《孤岛夜曲》《在北方》；又是记者，协助诗人王亚平编刊物，还担任第十一战区《中原日报》特派记者；同时还是一位革命家，参与策反伪军郝部数万人起义，被南京宪兵司令部秘密逮捕。身份的不确定感，加重了他在历史剪影中的传奇色彩。

但有一点是肯定无疑的，青年夏传才文化闳通，笃好文笔，所以在1949年后先是任上海火星出版社编委、《工商日报》编委，干起老本行；接下来因为高教系统人才匮乏，调任北京师范大学，继而又调入河北天津师范学院中文系，继续投身文化传承的事业。但教鞭似乎刚刚举起，便滞留在半空，因为主编《苏联文学》教材及与友人谈话时发表了对党的批评意见，并受胡风案牵连，开始了长达二十三年的监禁和流放。

当中宣部和最高人民法院撤销二十三年前的判决，宣布言者无罪，可以回原单位恢复原职原级的时候，夏传才已经五十五岁了！莫须有的磨难不仅没有将他击垮，反而像真金淬火一样，让夏传才对命运有了更深入的思考。他不止一次对人说过，二十三年有三大收获，一是锻炼了身体，二是磨炼了意志，三是阅读经典著作终身受益。可是，人生能有多少个二十三年呢？

"平反"后的夏传才，仿佛获得了重生。在命运的十字路口，他完成了从一位诗人到学者的艰难转变。虽然没有停止诗笔，更多的精力却不在写诗，而是用在了学术研究上。刚开始从事学术研究时，未尝没有如履薄冰的惊悸不安，他小心翼翼地避开了一切看起来敏感的话题，诸如对马列著作或现代文学的意见，他宁可咽下也不愿发表。经过权衡，他重新捡起了《诗经》，开始向故纸堆进军。

时不我待！中年夏传才比身边所有人都更有紧迫之感。失去的二十三年还能找回来吗？他不甘心，决定试一试。多年后他在《我的治学之路》中回忆说：

> 我不懒惰，从来不午睡，习惯夜间工作。我已经丧失了二十三年时间，必须把失去的时间夺回来。白发斑斑的我，再不出成果，不多做工作，就来不及了。①

对时间的忧患意识，让夏传才焚膏继晷，像一个永动机一样扑在学术研究上。1982年出版《诗经研究史概要》，1985年出版《诗经语言艺术》，这两本书，足以奠定他在诗经学界的地位。但他不满足于一经，还从事古籍整理，相继出版《曹操集注》(1984)、《曹丕集校注》(1992)，在中古文学要籍整理上产生了重要影响。他不再苦苦冥思、期待诗神

---

① 夏传才：《我的治学之路》，《贵州文史丛刊》，2003 年第 2 期。

的降临，但当灵感垂顾时，也不禁挥毫泼墨，以诗养学，先后出版了《双贝集》(与吴奔星合集，1985)、《七十前集》(1993)。

1994年，夏传才从工作岗位上退了下来，那一年，他刚好进入了古稀之岁。经过拼命追赶，他扼住了命运的咽喉，从它的饕餮巨轮中夺回了十五年的岁月。当身边所有的人，他的子女，他的同事，甚至是他的学生，都以为先生将放慢脚步、安享晚岁，不再汲汲于学术研究的时候，他们都惊异地发现，退休后的门槛，对夏先生来说，仿佛又是一条新的起跑线！

"其为人也，发愤忘食，乐以忘忧，不知老之将至"，岂止是孔子，夏先生就是这样的呀！他浑然忘却了时间，也超越了时间。老境逼促，那是对普通人而言，在夏先生的辞典里，大概是没有迟暮之年的。

退休后，他不再教课，更不必跑去香港指导博士，于是他将时间统统用在了学术研究上。《思无邪斋诗经论稿·后记》开篇写道：

> 这是我二十年来撰写的诗经学单篇论文，分初编、二编两部分。初编20篇，是1994年以前写的。二编18篇，是1995年至1999年写的。[1]

退休前作为初编，退休后则是二编，显示夏先生将退休之年视为学术事业的分水岭，从中似又可推知先生未尝没有超越自我的雄心。短短

---

[1] 夏传才：《思无邪斋诗经论稿》，北京：学苑出版社，2000年，第571页。

四年时间里，他撰写了十八篇诗经学论文，几与前面十五年的总和相埒，足见他在退休之后，用功更勤，成绩也更为卓著。

1998年底，夏先生在台北讲学时突发脑溢血，因抢救及时，从死亡线上挣扎而退。虽然疾病缠身，日渐消瘦，持笔颤抖，但医生告诫他要坚持运动，包括脑细胞运动，"如同老旧钟表，还在滴滴达达转动，一旦让它停摆，那就彻底报废了"，这一番话，对夏先生来说，是"正中下怀"。①二十世纪的最后一年，他一边休养，一边却写出了《论语趣读》，还编了《思无邪斋诗经论稿》，效率一点也不比罹病前差。

然而，老病的接踵而至还是多少消磨了夏先生的学术宏猷。在迈向耄耋之岁的进程中，夏先生的学术规划做了一些调整，他决心"应该把自己的事经自己的手做完，对人民、对同志、对朋友有个交代，少给他们添麻烦"，同时也慨叹"长年读书作文，写些心得体会，有过不知天高地厚的计划，却来不及完成了"，在《思无邪斋诗经论稿》编完并付梓后，他计划再将诗经学之外的其他论文以及创作的诗词分别结集，"年老眼花手颤，作文比较艰难，这些未了事项办完，就了无牵挂了"。

可是，事遂人愿，人愿便会交迭增长。当夏先生完成了他的《思无邪斋诗钞》（2001）和《思无邪斋文钞》（2002）时，他发现精力并未明显衰退，手颤的毛病也没有加剧，心中萦绕的学术理想仍在炽烈燃烧。他在《我的治学之路》末尾写道：

---

① 夏传才：《思无邪斋诗经论稿》，第571页。

我时常感到内心有一种缺失感，这就是心灵中的英锐之气没有消失，仍梦想跨上战马驰骋沙场，为博爱、平等、自由的新世界而奋斗。[1]

这种"缺失感"和"英锐之气"，让已步入耄耋之年的夏传才先生，有了挑战命运的勇气，他决定放手一搏。二十三年的时间已经夺了回来，夺得越多，赚得就越多。那些原本以为"来不及完成"的"不知天高地厚的计划"又开始在心中复活了！

他增订了《诗经研究史概要》，新编了《诗经语言艺术》，补充和修正了《曹操集校注》，还在中国诗经学会全体会员代表大会和河北省社会科学界联合会的推举和嘱托下，牵头组织了《诗经学大辞典》《诗经要籍集成》《建安文学丛书》三项重大工程。

做主编有两种：一种主编只挂虚衔，不干具体工作；另一种主编则事必躬亲，既要规划全书体例，同时还致力于校订全书文字，连一个误字也不肯放过，只有经过目验才能放心。夏先生显然属于后一种，他在欣开九秩的年岁，先后主持完成这三部大书，为此耗费了巨大的精力。他在《诗经学大辞典·前言》中说：

全书合计三百三十万字，统稿校对，工作量大。主编人今年

---

① 夏传才：《我的治学之路》，《贵州文史丛刊》，2003 年 2 期。

虚度八十七岁，才疏学浅，老衰昏聩，难免有不少疏漏之处。（下册前言）

　　全书最后由主编统稿，为求全书体例统一，对各部分章节条目和文字多寡比例，作了若干调整；为求内容充实或避免重复，亦作了一些补写、修正或删节。若有不当之处请予谅解。两册的统稿任务相当艰巨，老朽眼花手颤，每日要工作到深夜十二时许。（上册前言）[①]

《诗经学大辞典》是这样，《建安文学丛书》《诗经要籍集成》也是这样，后者虽然是影印，但每一种作品都附了提要，这些提要文字虽未必尽出于先生之手，但每一篇都经过他的精心校订，是毫无疑问的。

　　在时间的涡流中，夏传才先生全身心地投入学术，不知老之将至，仿佛置身于时间洪流之外。每当一桩心愿已了，或者学术工作告一段落时，他总是从学术密阵的隙缝中，向流逝的生命投以一瞥。与日俱增的生命意识难免让人惶恐不安，但因为有等身著作的支撑，让他面对命运和死亡时，平添了几份坦然和从容：

　　　　衰老和死亡，是不可抗拒的自然法则，我是唯物论者，对此，是处之泰然的。……中华文化是我们民族的命脉，在我的生命结

---

① 夏传才主编：《诗经学大辞典》，石家庄：河北教育出版社，2014 年。上、下册各冠有前言，上册前言落款为"2013 年 10 月"，下册前言落款为"2010 年 4 月"。

束时，我也不会为虚度一生而悔恨了。[1]

对于死亡，进入耄耋之年的夏传才先生似乎已能触摸得到，但也未尝没有美好的想象：

能够像马克思老先生那样，面向写字台，坐在靠椅上，没有痛苦，没有依恋，安静地走向另一个世界，那是多大的幸福啊！[2]

死，当然是不值得向往的。但没有痛苦的死，却又是最大的安慰，无论对于生者还是死者，都是这样。夏先生晚年虽然体健，却也不时罹病，为了安全起见，他总是被送往河北省人民医院，一来二去，跟医院的医生和护士们都熟了，她们都亲切地管夏先生叫夏爷爷。可是夏爷爷在医院待不住，我们猜他是对自己的著述事业念念不忘，但在著述上，他还有未竟的心愿吗？2016年岁末，夏先生一直好好的，据每年都前往走访的闫东利书记说，夏先生较往年气色更好，怎么就突遭不测呢？像往年一样，夏先生仍然固执地在春节前回家，不肯待在医院。"面向写字台，坐在靠椅上"，没有痛苦，没有依恋的死亡，夏先生差一点就实现了！壮志已酬，心愿已了，那是更大的幸福啊！

　　1992年，夏传才先生游庐山，在龙首崖观松，挥笔写下一首七绝："任尔五洲风雨变，奇松悬倒仍参天。老夫龙首危崖坐，不怕下临万丈

---

① 夏传才：《思无邪斋诗经论稿·后记》，北京：学苑出版社，2000年，第571—572页。
② 夏传才：《我的治学之路》，《贵州文史丛刊》，2003年第2期。

渊。"①那棵悬倒的奇松，像极了夏先生的伟岸人生，蓊蓊郁郁，高峻参天。而在先生书房的西壁，悬挂着一幅周颖南关于鲁迅集《离骚》句的书法作品："望崦嵫而勿迫，恐鹈鴂之先鸣"，这正是他晚年时间观和生命意识的生动写照。

2017年2月8日夜于石门

---

① 夏传才：《庐山龙首崖》，《诗刊》，1992年第2期。

公木

杨公骥

公木与杨公骥的旷世友情

——读《杨公骥自传》《公木自传》[①]

十年前，杨公骥第一次出现脑血栓，心脏病也无故袭来，年仅三十七岁的学者"几度濒于死亡"。"文革"掀起的滔天巨浪，吞没了健康的人，也吞没了病中的人。"被揪、被审、被批、被斗、被押"的杨公骥再次出现脑血栓，以至于左肢瘫痪。第二年隆冬，杨公骥戴上了"五七战士"的棘冠，发配到长白山区黑瞎子岭下的靠山屯，在深山老林里插队落户。茅屋外风雪严寒，茅屋内蚊蚋扑面，一盏半明半灭的油灯下，杨公骥重读了《马克思恩格斯全集》。盘桓在他心头的一系列疑问是：

> 我所生活的这一时代，一些荒诞的观念何以竟成为现实？其历史前因是什么？其社会基础又是什么？其前途又将如何？[②]

通过灵魂深处的拷问，他终于明白了"四人帮"反革命集团的出现并非偶然，而是有其深刻的历史原因和社会原因，是历史传统和历史过程之必然，但由于它违反了社会发展的规律，势必会对社会造成

---

① 《杨公骥自传》，《中国现代社会科学家传略》第 2 辑，太原：山西人民出版社，1982 年，第 131—159 页。《公木自传》，张宏宇、樊希安：《公木评传》，长春：长春出版社，2010 年，第 299—309 页。
② 《杨公骥自传》，《中国现代社会科学家传略》第 2 辑，第 149 页。

巨大破坏而激怒人民，因此必将归于失败。当意识到这一层面时，他仿佛醍醐灌顶，内心一直徘徊不去的"大苦闷、大悲哀"一扫而空。即使不是僻处山林，生命的思索也必然是孤独的，但当曙光乍现，谁不渴望将心灵的收获与人分享？杨公骥也不例外，他铺纸搦笔，给远方的友人写信：

> 这认识和这情绪，当时我曾秘密的和老朋友们通过口头或书面作了交换，彼此都受到鼓励。正是由于这点乐观看法，使我身体反而逐渐好起来，两年后我便能烧火做饭，还能拄拐上山坡拣柴草，或到猪棚掏粪。[1]

时隔五十年后，当我们重新梳理这段心灵史的时候，有资料证明确曾有友人造访，让落难的学者可以"口头"倾诉，但毕竟只是偶尔的，更多的则是通过"书面"，即写信。"老朋友们"自然不止一个，但因为杨公骥先生未曾明言，也殊难考寻。

嗣读《公木自传》，发现在"文革"中与杨公骥通信的"老朋友们"，一定包括公木在内，而且很可能还是最重要的那一个：

> 与下放到桦甸走"五七"道路的杨公骥同志，定期交换"读书心得"的通信，也是这一期间"自得其乐"的一件快事，我写

---

[1]《杨公骥自传》，《中国现代社会科学家传略》第 2 辑，第 149 页。

的比较简单浮泛；他每个月，至多两个月便写一封长信，短的亦近千言，长的要有三、四、五、六千言不等，一律工笔小楷，文史哲经，古今中外，无所不及。[①]

从1969年冬落户山区，到1973年冬重返长春，杨公骥下放农村历时四年，按两月一封长信，平均每封两千字计算，杨公骥写给公木的信就有二十余封，近五万言。这些信的内容，有的关乎学术，更多则是对社会和人生的分析，它们既温暖了友人的心扉，也一遍遍润湿了写信者的灵魂。公木在接到这些信后妥善保存，但他没有将信件据为己有，而是在"文革"结束后，又完整地交还给了杨公骥：

> 这些通信，我一直视为至宝，妥为保存，于"四人帮"垮台后，又整齐地交还给他。后来他整理为《桢干篇》及有关中国古代社会史论的文章。每读其文，辄分享到"龚棘木"的由衷愉悦。[②]

《桢干篇》应即1978年刊发在《社会科学战线》上的《漫谈桢干——学习哲学和语言学的札记》，另外论文《论古代黄河流域和东北亚地区居民"冬窟夏庐"的生活方式及风俗——民族民俗学学习札记之一》（《东北师大学报》1980年第3期）很可能也是以二人之间的通信为基础而写就的。"文革"结束后的杨公骥在学术研究上不坠青云之志，与他在

---

① 《公木自传》，张宏宇、樊希安：《公木评传》，第308页。
② 《公木自传》，张宏宇、樊希安：《公木评传》，第308页。

苦难中仍时刻不忘此业有关，而公木保存的这些信件可以说居功至伟。只是让人不太明白的是，为什么公木"每读其文，辄分享到'龚棘木'的由衷愉悦"？

公木本名张松如，河北辛集人；杨公骥原名杨振华，河北正定人。桑梓之情，共同的乡土观念，必然是二人友情的纽带。但二人并不同龄，而是相差了十一岁，可谓是忘年交。当1936年春，公木收到河北正定中学的聘书前往任教时，杨公骥已离开家乡只身到长沙接受中学教育，当时他们还无缘得识。两人都是1938年投奔革命，来到延安，一开始公木在抗日军政大学，杨公骥在陕北公学，后来杨公骥辗转到鲁迅艺术学院学习，公木又于1942年调转鲁迅艺术学院文学系任教，这可能是二人相识的最早机缘。

更重要的机缘是抗战胜利后，公木参加东北文艺工作团，从延安来到东北，参与创建东北大学，杨公骥也于次年从张家口辗转来到东北，进入东北大学任教。以前是师生，现在成为同事，更加深了二人的友情。《公木评传》扉页附的照片中就有两帧他与杨公骥的合影，一帧是1947年摄于佳木斯，一帧是1949年摄于长春。两帧照片中还有蒋锡金、穆木天、智建中等友人，但同时出现在两帧照片中的只有吴伯箫、公木和杨公骥。

公木是一个诗人，在延安时期以诗和歌词鸣世，他创作的《我爱》《父与子》《哈喽，胡子》《鸟枪的故事》腾于众口，经朝鲜音乐家郑律成谱曲的《中国人民解放军军歌》《八路军大合唱》更是传唱一时。但公木又不仅仅是一个诗人，他在早年的教学生涯中就已经埋下了学术的种子，撰写过《屈原研究》《中国文字学概论》《白荣斋九歌注》等学术著作。所以调任鞍钢教育处处长之前，公木在东北师范大学任教授兼副教育长，虽然也写下了《中华人民共和国颂歌》《烈士赞》等诗歌作品，但他的志趣已开始从诗创作转向了学术研究。后来由于调任鞍钢，又转徙中国作家协会文学讲习所，诗歌创作重又进入高峰，而学术研究反而再度沉寂。不过，1958 年当他带上"右派"的棘冠，到吉林省图书馆任馆员，1962 年重又分配至吉林大学中文系任教之后，这一从诗歌创作到学术研究的转向才真正完成。而在这一转向中，杨公骥起到了非常重要的作用。

当被划为"右派"的结论做出后，回鞍山的愿望果然落空，公木的希望只剩下长春了。"当时的吉林省委宣传部部长宋振庭，从杨公骥教授那里了解到公木的一些情况，欢迎他到长春去"①，在吉林省图书馆的孤寂日子里，也是杨公骥多次到图书馆来看望公木，②使落难的诗人感到由衷的欣慰。"每当想到或听到'图书馆'这个词，便像听到一位亲友的名字似的那么一种感受，感到亲切。在省图书馆期间，这是我一生中读书最多的时期"③，图书馆工作三年，为公木晚年的学术冲刺打下了坚实的基础；而转入图书馆的机遇，离不开杨公骥的推荐。

"文革"后期，马王堆出土汉墓帛书《老子》甲乙本一经披露，便

---

① 张宏宇、樊希安：《公木评传》，第 127 页。
② 张菱：《我的祖父——诗人公木的风雨年轮》，北京：中国广播电视出版社，2004年，第 295 页。
③ 张宏宇、樊希安：《公木评传》，第 127 页。

引起了公木的强烈兴趣，他开始以校读《老子》为职志，除于思泊、孔庆民的帮助之外，以杨公骥的助益最多。多年后《老子校读》出版，公木在后记里说：

> 二稿完成后，曾交杨公骥同志审阅，在词义训诂、章旨诠释等方面，他曾提出了一些宝贵意见，特别是在前两章上。公骥同志，逾世知交。"读君半部羌俗考，启我平生汉史论"。相与合作，从事文史研究，久有此约，也久有此愿，二十年前，还共同拟定过一个"龚棘木"的笔名；而牵于俗务，咫尺千里，旧约难践，夙愿未酬。《校读》亦尚不曾弥合此憾也。①

"读君半部羌俗考，启我平生汉史论"诗句出自公木《无题十首》之四。读到这里，我们终于知道所谓"龚棘木"原来是公木和杨公骥共同拟定的笔名，既包含了公骥，又包含了公木。"杨公骥用过'龚稷'的名字，张松如常用'公木'的笔名。龚棘木：'棘'是'稷'的谐音假借字，就是'龚稷'及'公木'两个名字的简称联署。"②但遗憾的是，正像公木在《老子校读·后记》中说的"旧约难践，夙愿未酬"，两人的学术合作并未真正得以开展，其中原因主要在于公木的"牵于俗务"，杨公骥在《自传》中也对此谈道：

---

① 张松如：《老子校读》，长春：吉林人民出版社，1981 年，第 495 页。
② 丁国成、于丛杨、于胜：《中国作家笔名探源》第 1 册，长春：时代文艺出版社，1986 年，第 477 页。

一九五四年，曾打算与老友张松如同志合作写出全部文学史，当时商定，前部由我写先秦部分，他写汉魏部分，然后互提意见，合编成书，作为合写，联名发表。但是，先是由于松如担任着几项行政领导工作，以后竟缠入"错案"之中，这打算终于落空。人生有限，事故无穷，这也是生平之憾事。[①]

二人已经拟就《中国文学史纲目》，惜公木未能践约，而杨公骥夙兴夜寐，完成了《中国文学》第一分册，第二分册完成了大部分，第一分册由吉林人民出版社出版，第二分册未完稿在"文革"中被毁，让人憾恨。后来，公木曾编写过《中国文学史讲义》，并"以'龚棘木'的名义发表过一些有关《诗经》及先秦寓言的译释和论文"[②]，似乎都是在弥补这一遗憾。直到杨公骥去世后，公木主编，郭杰、李炳海、傅刚、韩经太、张晶、周伟民等一批年轻学者共同参与完成的十卷本《中国诗歌史论》，似乎还是在试图缝合这一憾恨。如果说《老子校读》"尚不曾弥合此憾"，那么《中国诗歌史论》弥合了吗？

值得注意的是，因为凑巧公骥和公木都有一个"公"字，于是就近取合，联署笔名"龚棘木"。实际上公木在学术研究上，只题本名，几乎不以"公木"的笔名发表学术著作和论文。公木是诗人，张松如

---

① 《杨公骥自传》，《中国现代社会科学家传略》第 2 辑，第 145-146 页。
② 分别见《北京日报》1956 年 5 月 24 日、31 日、6 月 7 日、14 日、28 日，《星星日报》12 月第 7 期，《文艺报》12 月第 23 号等。

才是学者，似乎他在有意地区分，一身二任，反映了自己诗歌和学术的不同面向，往左是诗人，往右是学者。

与公木主要是诗人的面向不同，杨公骥主要是学者，甚至可以说是纯而又纯的学者。他似乎很少写诗，更不以诗人自居。"文革"中，杨公骥曾将自己与"白发老学生"的问答写信告知公木，公木慨然有诗三首相赠：

> 在林彪"四人帮"炙手可热的时日，挚友龚棘君备受冲击，半身瘫痪，还被迫上山下乡，携妻将雏，伴书篓三十余只，辗转泥途中，美其名曰走"五七"道路。三年后又被召回，书物颇有遗失，书篓中耗子作窝，生活非常狼狈。有个年轻同志见而怜之，慨然曰："师乎！早知今日，悔不当初吧。"意谓，如果能够预卜如今的下场，早年大概就不会投奔革命了。龚棘凛然相告曰："共产主义，任重道远，自在意中，何容选择？"因致书于我述其事，且喟然叹曰："我辈之不为人知也类如是。"因作三律以答之。[①]

杨公骥将自我遭逢以散文如实相告，而公木则以诗歌相酬答，即使使用的是传统的格律诗，也不曾激起杨公骥唱和的热情——他不仅不先咏之以诗，也没有再就此题唱和，这与很多从事古典文学研究的前辈学者迥异其趣。据杨公骥先生的弟子姚小鸥回忆说：

---

① 公木：《答友人三首·追记》，《公木旧体诗抄》，成都：四川人民出版社，1984年，第42页。

1987年，我刚考上博士生的时候，华锺彦先生曾在闲谈中对我说，他老人家编《五四以来诗词选》时，向杨公骥先生征过稿，杨先生客气地回信说，自己不写诗。①

但是杨公骥先生"不写诗"，是不以写诗自居，从其生平经历来看，他也确实对吟诗的兴趣不大，但这并不代表杨公骥先生从不写诗。他的诗歌作品似乎很少示人，业经披露的两首恰恰都曾题赠给公木先生。一是《夜读〈山海经·夸父条〉有感》，是一篇七言歌行。1962年乔迈在吉林大学中文系公木先生的"先秦寓言"课堂上，亲见公木出示刚刚收到的杨公骥赠诗，乔迈是抄录此诗的学生之一。据他的披露，诗前有序："杨公骥夜读《山海经》，至'夸父与日逐走，入日，渴欲得饮，饮于河渭，河渭不足，北饮大泽，未至，道渴而死'时，不觉狞目而思，摇首而叹，引吭而歌。"末尾署曰："松如学兄同志，乞两正。弟公骥沐手恭书。"②除手书赠公木外，杨公骥也留下了底稿。2001年，姚小鸥在参加杨公骥教授八十周年诞辰纪念活动时，"看到著作展上有先生诗词手稿数通"，于是复印了其中的一部分，其中就包括这首《夜读〈山海经·夸父条〉有感》。两相对照，乔迈的抄录似有阙文，诗歌

---

① 姚小鸥：《杨公骥先生手书〈夜读《山海经·夸父条》〉有感》，载新浪"白马客的博客"。

② 乔迈：《"千金市药不龟手"——读杨公骥先生的古体诗》，《吉林日报》，2002年5月11日第7版。

的正文应以姚小鸥复制和传录为准，诗称：

> 五谷不熟不如草，贾生三十称寿考。
>
> 彭祖八百仍夭折，是以夸父逐日跑。
>
> 惟有行速若饥渴，洋洋河渭不足饱。
>
> 懒汉已厌杯水多，夸父转觉海河小。
>
> 於戏！眉来眼去事可伤，九齿摇摇两鬓苍。
>
> 千金市药不龟手，而今仍在洴澼洸。①

　　而乔迈记述的版本在题署上反映了杨公骥与公木之间的深情厚谊，也很有价值。

　　此外，公木《老子校读·后记》又称：

> 一九七八年四月二十六日，公骥同志赠诗曰："寒霜历尽又逢春，枯木重华稀世珍。座上不虚谈笑客，案头未了应酬文。悬口滔滔浮白日，垂发蟠蟠挽黄昏。欲追王弼穷奥旨，怎耐无暇学老君。"虽属戏言，实为知音。②

以此可见，杨公骥不仅写歌行体，也写律诗。"欲追王弼穷奥旨，怎耐

---

① 姚小鸥：《杨公骥先生手书〈夜谈《山海经·夸父条》〉有感》，载新浪"白马客的博客"。
② 张松如：《老子校读》，第497页。

无暇学老君",是对公木校释《老子》之苦心的表彰,但也微含讥刺之意,"谈笑客""应酬文"莫非还对当年未曾践约共同撰写《中国文学史纲目》耿耿于怀?

作为学者的公木,与作为诗人的杨公骥,在学术和诗歌的撞击中获得了旷世不渝的友情。"龚棘木"是两人的联署,是两人学术合作的见证,却因时代和人生的播迁而留下了永远的遗憾,二人在学术研究上的合作,在物质层面上未能留存太多的印迹,而两位挚友在精神层面上的高度契合,已永远刻印在"龚棘木"这一笔名之中了!

2018年4月18日于花城